Zu diesem Buch

Der erste Panzer – mit Vietcong-Fahne – walzte das Eingangstor zum Präsidentenpalast nieder, fuhr mit ohrenbetäubendem Schießen in den Vorgarten. Das Foto, das diese Szene im Saigon der Stunde Null festhielt, ging um die Welt. Der Fotograf wußte nicht, daß nur mit Platzpatronen geschossen wurde: Börries Gallasch, Reporter des «Spiegel», erlebte das Ende der Saigoner Regierung im Präsidentenpalast: Er nahm die Kapitulation auf sein Tonband auf. So besiegelte ein Journalist das Ende eines Krieges, der zugleich stets ein kurioser Medien-Weltkrieg gewesen war, der die Leiden des vietnamesischen Volkes zur weltweiten Pro-und-Kontra-Tagesschau stilisiert hatte. Dieser Krieg gab jedem sein Bild, seine Deutung: Berlin verteidigen am Mekong, Vorläufer des Dritten Weltkrieges, der neue Typ des Guerilla-Krieges, stellvertretend symbolhaft der Nord-Süd-Krieg, der siegreiche Aufstand der «Verdammten dieser Erde». Ho Tschi Minh wurde zur tragenden Identifikationsfigur der Studenten und neben Che Guevara zur Hoffnung vieler Menschen in der Dritten Welt.

Der dreißigjährige Krieg, der da Anfang Mai 1975 zu Ende ging, war jedoch vor allem das Leid der Vietnamesen, trotz aller publizistischen Begleitung, aller weltweiten Identifikation. Am Schluß, im April 1975, steht gar noch die Not und Angst all jener, die im sicheren Saigon vom Sterben ihrer Landsleute jahrzehntelang profitiert hatten.

Das Zentrum dieses paradoxen Guerilla-Weltkrieges, Saigon, fiel kampflos – fast ohne Opfer. Börries Gallasch hat acht seiner Kollegen gebeten, aus ihrer subjektiven Sicht zu berichten, was sie gesehen und empfunden haben. Ein Ereignis – neun Darstellungen. Für die Reportagen vom Ende eines dreißigjährigen Krieges gibt es nur Subjektivität.

Bei rororo aktuell sind folgende Bände zum Krieg in Südostasien erschienen: David Halberstam: Vietnam oder Wird der Dschungel entlaubt? (roak 840); Bertrand Russell / Jean-Paul Sartre: Das Vietnam-Tribunal oder Amerika vor Gericht (roak 1091); Bertrand Russell / Jean-Paul Sartre: Vietnam-Tribunal II oder Die Verurteilung Amerikas (roak 1213); Wilfred Burchett: Kambodscha und Laos oder Nixons Krieg? (roak 1401).

Ho-Tschi-Minh-Stadt

Die Stunde Null
Reportagen vom Ende eines dreißigjährigen Krieges

Herausgegeben von Börries Gallasch

Mit Beiträgen von:
Nayan Chanda – *Far Eastern Economic Review;* Erik Eriksson – *SRTV-One (Schwedisches Fernsehen);* Börries Gallasch – *Der Spiegel;* Klaus Liedtke – *Stern;* Ottavio di Lorenzo – *RAI (Italienisches Fernsehen);* Dietrich Mummendey – *Der Tagesspiegel;* Jens Nauntofte – *Information (Kopenhagen);* Tiziano Terzani – *L'Espresso;* Serge Thion – *Le Monde Diplomatique*

Rowohlt

rororo aktuell – Herausgegeben von Freimut Duve
ERSTAUSGABE

Veröffentlicht im Rowohlt Taschenbuch Verlag GmbH,
Reinbek bei Hamburg, September 1975
© Rowohlt Taschenbuch Verlag GmbH, Reinbek bei Hamburg, 1975
Alle Rechte vorbehalten
Die Rechte an den Fotos liegen bei Börries Gallasch (18)
und Tiziano Terzani (4)
Redaktion Klaus Humann
Umschlagentwurf Werner Rebhuhn (Foto: Börries Gallasch)
Satz Aldus (Linotron 505 C)
Gesamtherstellung Clausen & Bosse, Leck/Schleswig
Printed in Germany
480-ISBN 3 499 11948 X

Inhaltsverzeichnis

Vorbemerkung — 7

Vietnam – ein Krieg für Journalisten?
Vorwort von Börries Gallasch — 9

Von vorn anfangen!
Von Jens Nauntofte — 13

Hat es jemals ein so prachtvolles Schlußbild
bei einem Krieg gegeben?
Von Nayan Chanda — 25

Frontlinien gibt es nicht mehr
Von Ottavio di Lorenzo — 37

Saigon, 30. April 1975
Von Börries Gallasch — 51

Und siehe, die Vietcong waren Menschen
Von Tiziano Terzani — 81

Im Volksgefängnis der Vietcong
Von Klaus Liedtke — 89

Nordvietnamesen, Südvietnamesen? Vietnamesen!
Von Hanoi nach Süden
Von Erik Eriksson — 101

Vom großen Krieg zum Babylift
Von Dietrich Mummendey — 113

Ho-Tschi-Minh-Stadt – zwanzig Jahre zu spät
Von Serge Thion — 125

Vorbemerkung

Die aktuell-Reihe legt, vermutlich zum letztenmal, einen Band zu Vietnam vor. 1965 erschien «Vietnam – oder Wird der Dschungel entlaubt?» Der Titel dieses Bandes von David Halberstam wurde zum geflügelten Wort. Damals warnte Halberstam seine Landsleute davor, sich weiter in den Dschungelkrieg zu verstricken. Die beiden aktuell-Bände, die sich dann mit Vietnam befaßten, nahmen eindeutig Partei: Bertrand Russell und Jean-Paul Sartre waren die Schirmherren jenes denkwürdigen Vietnam-Tribunals in Stockholm, mit dem aus aller Welt herbeigereiste Experten nachwiesen, wie in Vietnam gegen die Menschenrechtskonvention verstoßen wurde. Ein Tribunal, das die USA der Aggression beschuldigte. Der Krieg ging weiter. Er wurde zum Thema der amerikanischen und westeuropäischen Studentenbewegung der sechziger Jahre – vielleicht hat er in allen seinen Konsequenzen den Westen ebensosehr verändert, wie er Vietnam verändert hat.

Und jedem bot dieser Krieg sein Bild, seine Deutung: Berlin verteidigen am Mekong, Vorläufer des Dritten Weltkrieges, der neue Typ des Guerilla-Krieges, stellvertretend der Nord-Südkrieg, der siegreiche Aufstand der «Verdammten dieser Erde». Ho Tschi Minh wurde zur tragenden Identifikationsfigur der Studenten und neben Che Guevara zur Hoffnung vieler Menschen in der Dritten Welt. Um dem Leser die einzelnen Phasen des Krieges in Erinnerung zu bringen, wurden den Beiträgen jeweils Zeitungs- und Zeitschriftenartikel in chronologischer Folge vorangestellt.

Der dreißigjährige Krieg, der da Anfang Mai 1975 zu Ende ging, war jedoch vor allem das Leid der Vietnamesen, trotz aller publizistischen Begleitung, aller weltweiten Identifikation. Am Schluß, im April 1975, steht gar noch die Not und Angst all jener, die im sicheren Saigon vom Sterben ihrer Landsleute jahrzehntelang profitiert hatten.

Das Zentrum dieses pradoxen Guerilla-Weltkrieges, Saigon, fiel kampflos – fast ohne Opfer. Börries Gallasch – Augenzeuge des Falls – hat acht seiner Kollegen, die mit ihm zusammen im Vietnam der Schlußphase waren, gebeten, aus ihrer subjektiven Sicht zu berichten, was sie gesehen und empfunden haben, als die Dschungel-Krieger die Stadt besetzten, als das Morden zu Ende ging. Ein Ereignis – neun Darstellungen. Für die Reportagen vom Ende eines dreißigjährigen Krieges gibt es nur Subjektivität. Eben darum werden sie vorgelegt.

Freimut Duve

Mai 1954
Die letzten Stunden der Dschungelfestung
Das Ende von Dien Bien Phu / Der Weg in die Gefangenschaft

(*Frankfurter Allgemeine Zeitung* vom 10. Mai 1954)

Hanoi, 9. MAI (AP). Aus den Trümmern der Festung Dien Bien Phu, die am Freitag gefallen ist, zogen am Samstagnachmittag in langer Kolonne die letzten Verteidiger nach Norden in die Ungewißheit der kommunistischen Gefangenschaft. Über ihnen kreiste ein einsames französisches Beobachtungsflugzeug, das ihren Weg in die steilen Berge verfolgte.

Tieffliegende französische Transportmaschinen warfen Lebensmittel für die Gefangenen und Medikamente für die 1400 Schwerverwundeten ab, über deren Schicksal noch keine Gewißheit besteht. Die Überlebenden von 17 französischen Kompanien und der Kommandant von Dien Bien Phu sind nach einer Mitteilung des kommunistischen Vietminh-Rundfunks (der Name de Castries wurde nicht genannt) gefangengenommen worden . . .

Das südliche Fort Isabelle erwehrte sich noch bis in die Nacht zum Samstag der Angreifer. Es fiel erst nach zehnstündigen blutigen Nahkämpfen. In der zweiten Morgenstunde meldete Isabelle über Funk, daß ein letzter Ausbruchsversuch gescheitert sei und die Anlagen gesprengt würden. Der Sender Peking berichtete, die 2000 Mann der Besatzungen seien bei dem Ausfall fast völlig aufgerieben worden . . .

Die Funksprüche vor dem Ende
Am Samstagnachmittag gab das französische Oberkommando die letzten Funksprüche bekannt, die zwischen Dien Bien Phu und Hanoi gewechselt wurden.

Freitagnachmittag gegen 15 Uhr sandte de Castries seine letzte ordnungsmäßig abgesetzte Meldung. Er bat dringend um große Mengen Proviant an Stelle von Munition, die er am Morgen angefordert hatte. Zu diesem Zeitpunkt war ihm wohl bereits klar, daß die Gefangennahme nur noch eine Sache von Stunden sein werde. Kurz vor 16 Uhr ratterte im Hauptquartier erneut der Fernschreiber: «Stützpunkte drei, elf und zwölf sind gefallen. Immer noch Trommelfeuer auf alle Stellungen. Sie sind im Westen eingebrochen.»

Ein über der Festung kreisendes Flugzeug meldete zur gleichen Zeit: «Nur die Vietminhtruppen schießen noch. Der Befehlsstand liegt unter direktem Beschuß der Raketengeschütze.» Um 17.00 Uhr sprach De Castries zum letztenmal mit General Cogny in Hanoi: «Sie sind überall eingedrungen. Wir haben nicht mehr genug Munition. Wir werden einfach erdrückt. Sie sind nur noch ein paar Meter von dem Telefon entfernt, von dem ich mit Ihnen spreche. Sie sind überall. Ich habe befohlen, ihnen die größtmöglichen Verluste zuzufügen. Wir werden uns nicht ergeben.»

Cogny erwiderte: «Kämpfen Sie bis zum Ende. Das Zeigen der weißen Flagge kommt nach Ihrer heldenmütigen Verteidigung nicht in Frage.» De Castries: «Ich verstehe. Wir werden die Geschütze und die Funkanlagen zerstören. Der Sender wird um 17.30 Uhr gesprengt. Au revoir, mon général, vive la France.»

Vietnam – ein Krieg für Journalisten?
Vorwort von Börries Gallasch

Der Vietnam-Krieg war, mehr als die Kriege vorher, auch ein Krieg der Medien. Mehr als andere Kriege ist er von ihnen vorbereitet, motiviert und schließlich sogar mitentschieden worden. Gerade Zeitungen wie die «Washington Post» und die «New York Times», die in der Zeit des Kalten Krieges eine ideologische Vorwärtsverteidigung des «freien Westens» gegen den «die Weltherrschaft anstrebenden Kommunismus» predigten, führten schließlich als erbitterte Gegner des von ihnen einst gewollten amerikanischen Engagements in Vietnam die Wende herbei.

Ohne die erbitterten Kreuzzüge besonders dieser beiden Zeitungen gegen den Vietnam-Krieg und die Vietnam-Politik dreier aufeinanderfolgender US-Regierungen, ohne das auf solche Weise mobilisierte Gewissen eines erheblichen Teils der amerikanischen Nation, die sich schließlich über Vietnam in zwei unversöhnliche Lager zu spalten drohte, ohne den dadurch auf die Regierungen ausgeübten Druck wären die USA mit Sicherheit in Vietnam noch weiter gegangen und hätten sie noch später, zu spät wahrscheinlich, die Ausweglosigkeit ihrer Politik realisiert.

Die Schärfe, mit der Befürworter wie Gegner des amerikanischen Krieges in Indochina an der publizistischen Front kämpften, hatte ihren wichtigsten Grund darin, daß erhebliche Mehrheiten beider Lager für sich in Anspruch nahmen, was sich auch die andere Seite auf die (Druck-) Fahne geschrieben hatte: die Verteidigung alter amerikanischer Ideale und Grundsätze, jedenfalls insoweit es Amerika selbst betraf. Oberster und am heftigsten umstrittener Punkt der Diskussion in Amerika: Ist dies ein gerechter Krieg für eine gerechte Sache?

Die Bündnistreue der USA, die Schutzrolle der westlichen Führungsmacht, die Integrität eines in zu inniger Selbstgerechtigkeit gedrillten Massenbewußtseins forderte den ganzen Einsatz jener, die an solche Ideale glaubten und sie in Vietnam entweder vertreten oder verraten sahen: So peripher der Vietnam-Krieg über lange Jahre im Bewußtsein der Massen rangierte: Die Hüter und Apostel dieses Bewußtseins wußten, wie wichtig die Schlacht für sie war.

Anders in Europa: Hier lag der Krieg noch weiter weg, waren die Fronten auch klarer: Freund Amerikas für, Feind Amerikas gegen den Krieg der USA in Vietnam. Seine politische Relevanz, die globale politische und moralische Bedeutung dieses Krieges, der einerseits als der Kampf einer Weltmacht um ein Stückchen Erde und um das Prinzip hegemonialer Machtpolitik, andererseits als der leidenschaftliche, aufopferungsvolle Befreiungskampf eines kleinen Volkes galt – das ging bei uns in Europa lange Zeit nicht über einige Zeitungen und die Universitäten hinaus.

Aber wie verhielten sich die Journalisten, die Sammler der Nachrichten, die uns hier in Europa erreichten? Dieses ist im eigentlichen Sinne kein Buch über die Presse, sondern eine Sammlung von Reportagen. Neun Journalisten mit durchaus unterschiedlicher Sicht und grundverschiedenem Hintergrund beschreiben ihre Erlebnisse während der Stunde Null, während der Tage davor und danach. Die Übergangsphase wird beleuchtet, jener Augenblick, als aus Saigon Ho-Tschi-Minh-Stadt wurde: Augenzeugenberichte für jene, denen Vietnam nach dem Ende des Krieges mehr ist als nur ein Wort, das an diesen Krieg erinnert. Deshalb noch etwas zu den Journalisten, die diesen Krieg beschrieben haben.

Es war nicht nur wichtig für die Zeitungen (für diese aber nicht zuletzt deshalb, weil er Gewinn brachte, denn anfangs vermarktete er sich fast so gut wie der in Korea), er war auch wichtig für die Journalisten selbst. Ganze Legionen von Krisenreportern und Kriegsberichtern hatten hier permanentes Manöver. Neue Talente wurden ausprobiert, durften sich bewähren, Aufmüpfige und solche, die zu groß geworden waren, mußten zwischendurch mal wieder «an die Front». Ein außenpolitischer Redakteur, der die kollegiale Gretchenfrage «wann warst du in Vietnam?» verschämt mit «überhaupt nicht» beantworten mußte, landete automatisch in der Schublade für unbedeutende Fälle.

Andererseits: Jetzt fehlt er natürlich, der große Krieg, an dem sich so mancher Schreiber seit dreißig Jahren die Finger wundgeschrieben hat. Nicht wenige Zeitungen hatten ihre eigene Vietnam-Besetzung – wohin mit denen jetzt? Aber auch die, die zurückgekehrt sind in ihre Redaktionen, und jene, für die es auf absehbare Zeit keinen Grund mehr für die Reise ins ferne Land gibt, vermissen uneingestanden, woran sie sich so gewöhnt hatten.

Graham Greene hat in seinem «Quiet American» die Mechanismen beschrieben, deren sich die Mehrheit der Kriegskorrespondenten schon zur Zeit des französischen Kolonialkrieges bedienten. Was Greene beschrieb, blieb gültig auch für die Fortsetzung des Krieges durch die Amerikaner: Briefings durch die Militärs, Picknick-Ausflüge unter starkem Geleitschutz, in oder über umkämpfte Gebiete – aus sicherer Entfernung oder Höhe. Hinterher die bewußte Falschdarstellung solcher Ausflüge als heroischer Einzelleistung. Der Kriegsberichterstatter stellte sich willig unter das Kommando der Militärs, funktionierte selbst nach den Gesetzen des Krieges, anstatt diese permanent auf ihre Notwendigkeit abzuklopfen und ihr die politische Perspektive entgegenzusetzen.

Aber es hat natürlich auch andere gegeben: 55 Journalisten haben im Vietnam-Krieg ihr Leben gelassen – meist weil sie sich in Einzelaktionen Gewißheit verschaffen wollten und sich nicht an die Rockschöße einer Partei hängen wollten.

Dennoch: Die Verlogenheit der Argumente, die Scheinheiligkeit des überheblichen Anspruches auf den Alleinbesitz moralischer und ethischer Werte, die das amerikanische Engagement in Indochina begleitet hat und vom US-abhängigen Saigoner Regime wie selbstverständlich übernommen wurde – sie hat, eben weil sie nicht spezifisch nationalistisch war, sondern unter dem Anspruch des globalen «Schutzes der Freiheit und der Demokratie» ganz allgemein firmierte, auch Bataillone von Kriegsberichtern und Auslandskorrespondenten der verschiedensten Provenienz und Nationalität erfaßt. Bis zum allerletzten Augenblick.

Vielleicht gehört dazu auch die Begründung, mit der Winfried Scharlau, ARD-Fernsehkorrespondent für Ostasien mit Sitz in Hongkong, der seit Jahren über den Vietnam-Krieg berichtet und dabei die welthistorische Bedeutung dieses Krieges oft genug hervorgehoben hat, sich am 29. April mit dem Großteil der Auslandskorrespondenten evakuieren ließ. Er habe, so Scharlau, das Land verlassen, weil es nach dem Sieg der Kommunisten keine Gewähr für eine kritische Berichterstattung gegeben habe. So hätten sich aus diesem Grunde nur solche Journalisten zum Bleiben entschlossen, die dem neuen Regime positiv gegenüberstanden – Jubel-Journalisten mit anderen Worten.

Die Dürftigkeit des Arguments liegt auf der Hand: Neben einigen deutschen Reportern, darunter Dietrich Mummendey, dem man den Vorwurf inniger Sympathie für die Befreiungsfront gewiß nicht machen kann, waren dort geblieben: UPI, AP, BBC, AFP, das italienische Fernsehen, das französische Fernsehen, das dänische Radio, der «Guardian», der «Daily Telegraph», «Der Spiegel», «Stern» und viele andere mehr, insgesamt 120 Auslandskorrespondenten von Japan bis Argentinien.

Peter Scholl-Latour, der aus terminlichen Gründen schon eine Woche vorher hatte abreisen müssen, wollte wiederkommen, obschon auch er gewiß kein Jubel-Journalist ist: seine Wiedereinreise scheiterte am unvorhergesehen frühen Befreiungstermin, es gab nur noch Flugzeuge, die Saigon verließen, keine, die es noch anflogen.

Die Redaktion rororo aktuell und ich waren uns einig: Spontane, subjektive Erlebnisberichte von Kollegen aus möglichst allen Lagern, publizistisch, politisch, geographisch – sollte dieser Band enthalten. Die Zustimmung war spontan, die technischen Probleme wurden – wenn auch unter Schwierigkeiten – überwunden! (Zwei Berichte mußten aus Saigon über Hanoi und Hongkong telegraphiert, ein anderer mußte einem Kurier mitgegeben werden.) Bei aller unterschiedlichen Beurteilung, in einem sind sich Herausgeber und Autoren einig: dieses sind Schluß-, keine Zwischenberichte vom Krieg in Vietnam.

Hamburg, im Juni 1975   Börries Gallasch

Juli 1954
Indochina
Ende einer Epoche
(*Der Spiegel* vom 28. Juli 1954)

Die Sonne hing sengend am Morgenhimmel über Hanoi. Es war Mittwoch, der 21. Juli 1954.

Um 10 Uhr meldete sich der Nachrichtensprecher des Rundfunksenders Hirondelle. Die Stimme verkündete den Abschluß der Verhandlungen in Genf. Zum erstenmal nach genau sieben Jahren und acht Monaten fiel der Tagesbericht des französischen Oberkommandos aus. «La Guerre est finie. Für Freund und Feind werden wir in Zeitabständen von einer Viertelstunde das Wort ‹Friede› wiederholen. Wir bitten alle Rundfunksender und Telegraphenstationen, diese Parole weiterzugeben. Es muß auf beiden Seiten vermieden werden, daß der Krieg in seiner jetzigen Phase noch weitere unnütze Opfer fordert.» Dann meldete der Sender den neuesten Stand der «Tour de France».

Einige Stunden später erfuhr die Halbmillionenstadt Hanoi, daß sie in 80 Tagen an den Vietminh übergeben werden soll.

Bereits in den Tagen vor dem Abschluß des Waffenstillstandes war Hanoi eine eroberte Stadt. Das Gros seiner Bevölkerung trat innerlich in die Herrschaft der Sieger über. Das war ein schleichender Prozeß ohne Lärm und Erregung. Er spielte sich eher in einer Art erschöpftem Halbschlaf ab, ohne Freude, aber auch ohne Furcht, mit nur ein wenig nervöser Erwartung, so wie es geschieht, wenn Menschen die unausweichliche überpersönliche Wucht eines historischen Umbruchs gespürt haben ...

Waffenstillstand
(*NZZ* vom 22. Juli 1954)

Teilung Vietnams
Genf, 21. Juli. (United Press) Heute früh, zehn Minuten vor vier, unterzeichneten je ein Vertreter des französischen Kommandos und des Kommandos des Vietminh in einem Konferenzraum im *Palais des Nations* die Waffenstillstandsabkommen für *Vietnam* und *Laos* ...

Mit der Unterzeichnung der Abkommen hat Frankreich in die *Teilung Vietnams* und die Abtretung der reichen Nordgebiete mit 12 Millionen Einwohnern an das kommunistische Regime eingewilligt ...

Die Abkommen umfassen folgende Punkte:

1. *Waffenruhe in Vietnam und Laos.*

2. Eine *Demarkationslinie*, die Vietnam längs des Flüßchens *Ben Hai*, zwischen dem 17. und dem 18. Breitengrad, in zwei Teile trennt. Der Fluß verläuft etwa 18 Kilometer nördlich der Route Coloniale 9, die Savannakhet in Laos mit Quang Tri an der Küste Annams verbindet.

3. *Räumung von Nordvietnam* mit seiner Bevölkerung von zwölf Millionen und der Hauptstadt *Hanoi*. Übergabe des Hafens von *Haiphong* innerhalb von zehn Monaten.

4. «Umgruppierung» der kommunistischen Streitkräfte in *Laos.*

5. Durchführung von *Wahlen* in ganz Vietnam bis zum *Juli 1956*. Die interessierten Parteien treten in der Zwischenzeit bis spätestens Juli 1955 zusammen, um die Abhaltung der Wahlen zu besprechen.

6. Ernennung einer *Neutralen Überwachungskommission*, die von *Kanada*, *Indien* und *Polen* gestellt wird und unter dem Vorsitz Indiens die Durchführung der Waffenstillstandsbestimmungen kontrolliert.

Von vorn anfangen!
Von Jens Nauntofte*

I.

Der Zusammenbruch des Saigon-Regimes war ein fortschreitender, kontinuierlicher Prozeß. Die Befreiungsfront und die nordvietnamesische Armee wurde kein einziges Mal wirklich aufgehalten. Das Saigon-Heer war dauernd auf dem Rückzug.

Bereits sehr früh konnte man in den Augen der Generale des Saigon-Heeres lesen, daß sie sich über den verlorenen Krieg im klaren waren. So zum Beispiel bei einem Essen des Provinzgouverneurs in Phan Thiet in den Tagen, als Da Nang fiel.

Mitten am Tisch sitzt der Vizepremier Phan Quang Dan. Er ist über die Hunderttausende von Flüchtlingen, die er in den letzten Tagen gesehen hat, zutiefst erschüttert. Auch weiß er von der Traumwelt, in der Nguyen Van Thieu und seine Kabinettskollegen in Saigon leben. Da Dan jedoch Defätisten haßt, bekämpft er sein eigenes Gefühl der Niederlage.

Zu beiden Seiten von Dan sitzen Generale. General Chuck ist Oberbefehlshaber der Pioniertruppen des Saigon-Heeres und ewiger Optimist. Zwischen zwei Bissen vom Hähnchen erzählt Chuck mir, daß er beim Rückzug vom zentralen Hochland eintausend Pioniere verloren hat. «Sie haben ihre Aufgabe bestens gelöst und den Zug durchbekommen. Das war das Entscheidende.» Chuck langt unangefochten nach einer neuen Schüssel Fleisch.

Neben Chuck sitzt General Tanh, zweiter Befehlshaber der zweiten Militärregion und rechte Hand des Regionschefs Pham Van Phu. Phu selbst hat sich seit fünf Tagen nicht blicken lassen. Es geht das Gerücht, daß er von Präsident Thieu wegen Aufsässigkeit verhaftet worden sein soll.

Die erste Militärregion ist zusammengebrochen und die zweite ist auf dem besten Wege dahin, und ihr Chef hat sich verkrochen. Der zweite Befehlshaber sitzt unterdessen am wohlgedeckten Tisch und verbringt zusammen mit Dan 36 Stunden mit dem Inspizieren von Flüchtlingslagern, als ob nichts geschehen wäre.

Phan Quang Dan: «Ich glaube, die Nordvietnamesen laufen sich müde. Sie haben keinen Nachschub, um solch eine Offensive fortzusetzen. Die letzte Woche ist schlimm für uns gewesen. Wir müssen wohl damit rechnen, daß es in nächster Zeit mehr Niederlagen geben wird.»

Es dauert einige Sekunden, bis die Bemerkung richtig durchdringt. Deutlicher kann Dan es nicht sagen: Cam Ranh, Phan Rang – und

---

* Jens Nauntofte schreibt für «Information» in Kopenhagen.

vielleicht Phan Thiet, wo wir uns derzeit aufhalten – stehen vor dem Fall. In drei Wochen kann der Sturm auf Saigon beginnen.

General Chuck meint zwar, es gebe gewisse Möglichkeiten, die wir Außenstehenden übersehen haben: «Die Binh-Dinh-Provinz kann nicht so ohne weiteres über den Haufen gerannt werden. Da steht die 21. Division, und das sind harte Jungs.»

Das gleiche hatte man letzte Woche über die Elitetruppen in Hué und Da Nang gesagt, aber wohlgepflegte Mythen besitzen ihre eigene selbstbestätigende Glaubwürdigkeit. Und niemand am Tisch ist so unverschämt und wagt es, Chuck zu fragen, wo seine eigenen harten Jungs sich zur Zeit eigentlich aufhalten. Die Antwort wäre peinlich.

Chuck ist so sehr Amerikaner, wie er es als geborener Vietnamese werden kann. Er ist in den USA aufgewachsen – Schulbesuch, Offiziersausbildung, Nachausbildung – und erst Anfang Vierzig – eine schöne Karriere. Außerdem verkörpert er den Typ des Vietnamesen, den die Amerikaner lieben. Breitschultrig, mit starrem Unterkiefer und Stiernacken ist er ein unverwechselbares Ebenbild John Waynes. Leider sind die «Green Berets» etwas aus der Mode. Er spricht mit schleppendem Akzent: «I went to College in California. Groovy place.»

Am Tisch des Provinzgouverneurs wird Kaffee eingeschenkt, und Dan fährt unverdrossen mit seinem Thema fort:

«Was in diesen Tagen geschieht, ist das Schlimmste, was wir erlebt haben. Die Tragödie des Jahrhunderts. Nach dem Genfer Abkommen von 1954 flüchteten auch eine Million Menschen vom Norden in den Süden. Allerdings war das unter friedlichen Voraussetzungen. Heute werden die unschuldigen Flüchtlinge vom Vietcong und von den nordvietnamesischen Truppen unter Feuer genommen. Auch bei der Tet-Offensive 1968 gab es eine große Zahl von Flüchtlingen ebenso wie bei der Osteroffensive 1972, aber damals waren die alliierten Truppen hier. Wir hatten die machtvolle Unterstützung der Luftwaffe – nicht zuletzt der B-52-Bomber.»

General Chuck schaut nachdenklich einen amerikanischen Journalisten an, der ihm schräg gegenübersitzt und scherzt: «Die haben wir noch als Reserve, nicht wahr?»

Er zeigt seine großen weißen Zähne in einem breiten Grinsen. General Tanh schaut aus dem Fenster. Er langweilt sich und wäre lieber wieder in seinem Stabshauptquartier. Der Journalist sucht nach einer passenden Antwort, aber Dan wünscht nicht unterbrochen zu werden. Dies ist sein Lieblingsthema.

«New York gibt in diesem Jahr über drei Milliarden Dollar für das Sozialwesen aus, und die amerikanische Regierung kann uns nicht einmal dreihundert Millionen schicken. Schließlich ein kleiner Betrag im Vergleich zu den Hunderten von Millionen Dollars und den vielen amerikanischen Leben – über 50 000 – die hier im Land geopfert worden sind. Man sollte meinen, die USA wollen ihre Glaubwürdigkeit verlieren.»

Dans Stimme schwingt sich wütend zum Diskant hinauf. Aufgeregt fährt er fort: «Beim Pariser Abkommen haben die USA schließlich mit einem ganz kleinen Land ein *Dokument* unterzeichnet.»

Verächtlich wirft er dem amerikanischen Journalisten einen Blick zu, der plötzlich den Sündenbock spielen muß. «Nordvietnam ist keine Großmacht, sondern eine Ratte – verglichen mit den Vereinigten Staaten, die sind wie ein Löwe. Die Ratte verstößt gegen die Abmachungen und kommt ungestraft davon, und der Löwe ist gelähmt. Wir verstehen nicht mehr, was hier vor sich geht.»

Trotz seines sanguinischen Temperaments hat Chuck ein ziemlich klares Gefühl dafür, was los ist. Als wir in das Flugzeug steigen, muß ich feststellen, daß General Chuck ebenfalls nach Saigon will. Mitten im Krieg, während seine Pioniere auf der Hauptstraße 7 verbluten und die ganze nördliche Front im Zusammenbruch begriffen ist, fährt der Chef der Pioniere eben mal nach Saigon.

Im Flughafen Tan Son Nhut herrscht Panik. Man glaubt, wir seien aus Da Nang durchgekommen. Ein amerikanischer Oberst steht am Eingang der Halle und fragt, ob wir Neues vom amerikanischen Generalkonsulat in Da Nang hätten, als er General Chuck entdeckt. Seine Hand fliegt an die Mütze: «Hello Sir, nice to see you back. You are doing a hell of a fine job up there.» In seiner Stimme ist nicht die geringste Spur von Ironie zu hören.

Ich sehe Chuck an. Er hat seinen Stahlhelm aufgesetzt. Seine Uniform ist ein wenig zu gepflegt, aber sonst – ja, er könnte direkt vom Schlachtfeld kommen. Als ich mich zum Ausgang wende, schaut der Oberst bewundernd dem General nach, der schnell in einem Taxi verschwindet.

II.
«Unsere revolutionären Kräfte gewinnen an allen Fronten. Der Sieg ist in Reichweite.»

Oberst Vo Dong Giang, Mitglied der provisorischen Revolutionsregierung Südvietnams, läßt seinen Blick über die große Ansammlung westlicher Reporter gleiten. Seine mandelförmigen Augen verraten nichts von seiner persönlichen Meinung über diese ausgesuchte Schar aus Federführern des westlichen Imperialismus.

Er hat einige Jahre im diplomatischen Dienst in Havanna verbracht. Als das Pariser Abkommen 1973 unterzeichnet wurde, mußte in aller Hast in Saigon eine Militärdelegation eingerichtet werden, die in einer kleinen Enklave in Tan Son Nhut untergebracht wurde. Diskret wurde Giang vorübergehend zum Obersten ‹degradiert›, damit der Posten als Delegationsleiter nicht mit einem ranghohen Offizier, sondern in erster Linie mit einem kompetenten Mann besetzt würde.

Zu Giangs Rechten sitzt sein absoluter Gegensatz, Major Phung Nam, breit und wohlgenährt und sehr kameradschaftlich gegenüber den Journalisten. Auf dem Weg in den Raum bemerkt er Derek Wilson vom BBC, der am Tisch sitzt und halb schläft. Wilson hat die müdesten Augen der Welt, da er aber Radioreporter ist, stört das nicht. Seine Stimme ist in Ordnung.

«Es ist schön, daß Sie aus Hongkong zurück sind.» Phung Nam klopft Wilson freundschaftlich auf die Schulter. Wilson lächelt abwesend und schlummert weiter.

Saigon ist eine Stadt der Absurditäten. Aber diese Samstagsszene übertrifft alles. Jeden Samstagmorgen um Viertel nach acht fährt ein Bus vom Pressezentrum ab. Dieser Bus transportiert die erschienenen Journalisten zur Delegation der PRG.

Diese Regelung macht es dem Pressechef der Thieu-Regierung leicht zu kontrollieren, wer mit Oberst Giang und seinen Freunden flirtet. Eine Liste wird im Bus herumgereicht, auf der man sich eintragen muß. Es ist außer Zweifel, daß zumindest einer der anwesenden Journalisten für den Pressechef mitschreibt.

Der Bus ist angekommen. Wir passieren ein paar Soldaten der Befreiungsfront, die stramm militärisch grüßen und uns unter den flachen Helmen betrachten. Wir befinden uns unter dem Schutz der PRG!

Es gibt kaum einen anderen Ort in der Welt, wo man den Löwen und das Schaf so friedlich Seite an Seite erleben kann wie hier in Saigon. Es wäre so, als wenn die palästinensische PLO mitten in Tel Aviv ein von Fedajin bewachtes Büro unterhielte.

Giang antwortet geduldig auf unsere Fragen. Allmählich kennt er sie auswendig – und vor allem die Antworten. Heute gibt es eine kleine Variation: «Sind Sie überrascht über die Fortschritte Ihrer Kräfte in der letzten Woche?»

Giang läßt sich nie überraschen. Die Versuchungen eines langen Lebens haben ihm dieses Privilegs beraubt. Phlegmatisch antwortet er dem Journalisten: «Wir haben schon immer gesagt, daß der Zeitpunkt kommen wird, an dem die amerikanische Politik und die Marionetten-Regierung in Saigon zusammenbricht. In our time» – schließt der Dolmetscher rituell seine Übersetzung.

Giang hat natürlich recht, er hat es schon früher gesagt. Die Pressekonferenz läßt spüren, daß alles im voraus klar war. Keine harten Neuigkeiten, das ist beinahe schon langweilig. Es hätte nicht so zu sein brauchen. Die Kameraden in Portugal und Italien haben dies längst bewiesen.

Giang singt seine Antworten mit monotoner Stimme: «Wenn das Volk sich erhebt, ist es immer stärker als die Tyrannen.» Sein Mienenspiel beweist, daß dies für ihn ein Naturgesetz ist.

Ein Journalist flüstert: «Seht ihre Augen an. Da ist Offenheit und

Abgeklärtheit im Blick.»

Es stimmt. Besonders die zwei jungen Dolmetscher, die die Antworten des Obersten mit einer Wucht vortragen, als wären es Zitate eines politischen Manifests. Hier, inmitten von Saigon, im Herzen der Reaktion wachen fünf Leute vor einer überdimensionierten FNL-Fahne und einem Porträt von Onkel Ho. Hier sitzen sie geduldig im Vorhof und warten auf den Zeitpunkt, an dem sie die Händler aus dem Tempel jagen können.

«Die Thieu-Regierung muß weg und eine neue Verwaltung eingesetzt werden, damit wir mit den Verhandlungen beginnen können», schließt Giang.

Er hat es sicher schon oft gesagt, aber heute wissen alle Anwesenden, daß Giang nicht nur recht hat, sondern daß es nur noch eine Frage von Tagen ist, bis seine Forderung in Erfüllung gehen wird.

Als wir die PRG-Delegation verlassen haben und wieder im Bus sitzen, lehnt der Fahrer arglos den Kopf zu mir, um an den qualifizierten Informationen teilzuhaben, die wir seiner Meinung nach erhalten haben:

«Stimmt es, daß dort drinnen General Giap – als Oberst verkleidet – sitzt?»

III.

Weder Chuck, General des Saigon-Heeres, noch der PRG-General Giang haben in der ersten Reihe gekämpft. Doch sind sie beide Prototypen des Verlierers wie des Gewinners. Außenstehenden Beobachtern fiel der naive Glauben auf, den sowohl General Chuck als auch die meisten seiner Kollegen daran nährten, daß die Amerikaner sich im letzten Augenblick wie ein «deus ex machina» über das Schlachtfeld senken würden.

Es war, als warteten sie nur auf das beruhigende, brummende Geräusch über dem Nachthimmel, mit dem die großen Luftarmadas der B-52 Bomber vom Utapao-Stützpunkt in Thailand einzufliegen pflegten. Sie lebten in einer trügerischen Hoffnung. Das befreiende Gespenst kam nicht. Als Nguyen Van Thieu dies erkannt hatte und erkennen mußte, daß, gleichgültig, was ein ehemaliger Präsident Nixon ihm versprochen hatte, das Ergebnis negativ aussehen würde, da zog er es vor, das sinkende Schiff zu verlassen.

Wie ein verwöhnter kleiner Junge trat Thieu im Fernsehen auf und beschimpfte in seiner Abdankungsrede die Amerikaner. Sie trügen die ganze Schuld, sie seien die Verräter hinter dieser Tragödie. Seine Argumentation war unglaublich. Bis jetzt hätten die Amerikaner über 50 000 junge Soldaten im Dschungel Vietnams verloren, wie könnten sie dann nur ihre südvietnamesischen Kameraden im Stich lassen? Als wäre die Tatsache, daß 50 000 Amerikaner getötet worden waren, ein Argument dafür, noch weitere 10 000 oder 20 000 in die Schlacht zu werfen.

1975 war das erste – und letzte – Mal, daß die beiden Heere sich ebenbürtig gegenüberstanden. Zum erstenmal sollte das Duell stattfinden, ohne daß die Sekundanten der einen Partei von hinten dem Gegner den Kopf einschlugen. Es ist wahr, daß Nordvietnam und damit die Befreiungsfront vor der Offensive ungewöhnlich große Materialnachschübe erhalten hatte und dadurch im Vergleich zu früheren Kämpfen für die moderne Kriegführung gut gerüstet war. Das Saigon-Heer galt jedoch nicht ohne Grund als eines der bestgerüsteten Heere Südostasiens.

Wie der Sechstagekrieg 1967 und der Oktoberkrieg 1973 von Militärstrategen in der ganzen Welt eifrig studiert wurden, so werden auch die letzten 45 Tage des Vietnam-Krieges auf Militärakademien und in Stabshauptquartieren von allen Seiten durchleuchtet werden.

Thieus magisches Wort war der «strategische Rückzug». Überall wo die FNL und die nordvietnamesische Armee vorrückten, mußten sie erleben, wie der Gegner Hals über Kopf flüchtete. Nach 30 Jahren bitterer Kämpfe, denn seit der Teilung 1945 hat es um jede Handbreit Erde bittere Kämpfe gegeben, verschleuderte die Saigon-Regierung jetzt ihre besten Verteidigungsstellungen zu «Spottpreisen». Kontum, Pleiku, Hué, Da Nang: ihre Zahl ist groß.

Erschöpft erreichten 400 Soldaten der 22. Division des Saigon-Heeres die Küstenstadt Nha Trang. Unterwegs hatte es heftige Gefechte gegeben. Ununterbrochen hatte die Befreiungsfront die flüchtenden Soldaten beschossen. Nur 400 Soldaten der abgehärteten Elitedivision kamen durch. Zu Fuß erreichten sie Nha Trang, eine Geisterstadt. Das Heer war verschwunden, und die Zivilbevölkerung verschanzte sich hinter verschlossenen Türen, um die Ankunft der FNL zu erwarten. Das Militärhauptquartier der zweiten Region war verlassen, nur die Telefone waren noch angeschlossen. Ein Leutnant rief das Hauptquartier des Generals in Saigon an und erbat sich weitere Dienstanweisungen. Er bekam den knappen Bescheid, daß man die zweite Militärregion aufgegeben habe und daß seine Leute selbst für ihre Evakuierung zu sorgen hätten. «Viel Glück!» und der Hörer in Saigon wurde aufgelegt.

Die erste und die zweite Militärregion ohne ein einziges Gefecht aufgegeben, obwohl sie von zwei der besten Generale des Saigon-Heeres geleitet wurden, Ngo Quang Truong und Pham Van Phu. Sie beide wurden so zu Opfern von Thieus «strategischem Rückzug».

Das Ergebnis war eine militärische Deroute mit den gleichen Ausmaßen wie der Zusammenbruch der ägyptischen Sinai-Front 1967. Auch damals flüchteten die Generale und ließen ihre Soldaten im Stich. Heute genießen die Generale Chuck und Tanh das Leben am Sonnenstrand irgendwo in der westlichen Hemisphäre oder auf Taiwan.

Auf Taiwan hört man sich mit Bedauern – aber verständnislos – die Erklärungen Thieus über die Notwendigkeit des strategischen Rückzugs an. Die Geschichte wiederholt sich! «Same same, but different», wie die Saigonbevölkerung sagte, als wir ihnen vorhielten, daß Thieu nun das Schicksal Tschiang Kai-scheks teilen wollte.

Am Tag vor der Befreiung Saigons kam ich am Pressezentrum vorbei, wo der Militärsprecher der Regierung während des Vietnam-Krieges täglich seine kleinen Lügengeschichten über den Verlauf des Krieges verbreitet hatte. Weder er noch wir glaubten sie. Aber beide Seiten pflegten zu diesem bösen Spiel eine gute Miene zu machen.

Heute waren die Illusionen verschwunden. Oberst Hien erschien, sichtlich ärgerlich darüber, daß nur so wenige Berichterstatter zur Pressekonferenz erschienen waren. Er hatte schon das eine Bein im Jeep, als ich ihm die Hand auf die Schultern legte und fragte, ob die Gerüchte aus der amerikanischen Botschaft wahr wären: die totale Kapitulation noch im Laufe des Abends!

Oberst Hien sah mich betroffen an: «Das weiß ich nicht. Aber es sollte mich nicht wundern.» Die Niederlage war aus jedem seiner Gesichtszüge abzulesen, man konnte sehen, daß er nur an eines dachte: seine eigene Flucht.

Er schaute in den Himmel über Saigon, wo die amerikanischen Hubschrauber zwischen der amerikanischen Botschaft und den Evakuierungsschiffen auf dem Meer hektisch hin und her schwirrten. Mit krampfhaftem Lächeln setzte er sich in den Jeep, nahm einen tiefen Zug aus der Zigarette und gab dem Fahrer ein Zeichen loszufahren. Mit zwei zum Gruß erhobenen Fingern verschwand er, die Tu Do, die Freiheitsstraße, hinunter – verhüllt in einer Benzinwolke. Seine Mission war vollendet, das letzte Kommuniqué formuliert.

IV.
Als wir den ersten Panzer der Befreiungsfront in den Straßen Saigons erblickten, konnten wir kaum unseren Augen glauben. Es war auf einem Boulevard hinter der amerikanischen Botschaft, wo er 150 Meter vor uns die menschenleere Straße kreuzte. Eine riesige FNL-Fahne wehte von der Funkantenne. Ruckartig stoppten wir unseren Jeep. Der Panzerwagen war wieder aus dem Gesichtsfeld verschwunden, genauso lautlos wie er aufgetaucht war. Mein Kollege meinte, es müsse ein Fahrzeug des Saigon-Heeres sein, das die FNL-Fahne gehißt hätte, um den Feind zu verwirren. Die Erklärung war absurd. Und als der nächste FNL-Panzer die Straße kreuzte, war jeder Zweifel ausgeschlossen. Dies war die Stunde Null!

Der 30. April wurde für uns alle ein langer Tag. Bei Tagesanbruch wachen wir vom Lärm der letzten Hubschrauber auf, die vom Dach der amerikanischen Botschaft die Nachhut aus Saigon rausbrachten. Nicht zuletzt den Botschafter Graham Martin, der darauf bestanden hatte, als letzter «von Bord» zu gehen. Er preßt seine Handtasche und die Stars and

Stripes, die hinter seinem Schreibtisch im Büro gestanden hatten, an sich und verschwindet zusammen mit dem Rest der amerikanischen Kolonie über dem Meer.

Die Panzerkolonnen der Befreiungsfront und der nordvietnamesischen Armee rücken durch die Vorstädte vor. Alle neuralgischen Punkte bei einer Machtübernahme befinden sich hier zentriert: der Palast, der Radiosender, der Senat, die Nationalbank, das Verteidigungsministerium.

Nichts ist dem Zufall überlassen. Vor dem Unterhaus steht Tran Van Bom, eben von seinem Aufenthalt in einem Dorf im Delta zurückgekehrt. Seit zwei Uhr morgens ist er schon auf den Beinen mit dem Auftrag, sich für den Einmarsch in Saigon bereitzuhalten.

Bom ist 25 Jahre alt, seit vier Jahren gehört er den regulären Einheiten der Befreiungsfront an, aber er trägt keine Uniform. Ein blaues Hemd und ein großer mokkabrauner Hut mit einer großen Krempe verraten, daß er zum harten Kern der Guerilleros gehört. Seine AK-47 hängt ihm über die Schulter, im Gürtel sitzen Ersatzmagazine, sorgfältig in Bananenblättern verpackt, neben einer Reihe von Handgranaten.

Mit barscher Miene antwortet er unseren neugierigen Fragen. «Was hältst du davon, in Saigon zu sein?» – «Gut!» antwortet er und schaut wachsam die Tu-Do-Straße hinunter. Neben ihm steht eine weibliche Guerillero, mit einem roten Kopftuch, sonst aber mit der gleichen Ausrüstung wie Bom. Ihr Blick ist etwas unsicher, sie würde sich wohl lieber entspannen und einfach klönen.

Die Situation ist noch immer ungeklärt. In den Straßen sind ab und zu MG-Salven zu hören und hin und wieder eine Explosion, unten am Fluß findet ein heftiger Feuerwechsel statt. Einige der Soldaten des Saigon-Heeres versuchen in einem letzten krampfartigen Aufbäumen ihren eigenen Mythen zu entsprechen. Aber sie sind wenig. Die meisten haben im Laufe des Vormittags ihre Uniformen und Ausrüstung weggeworfen. In der Tu Do und den umliegenden Straßen liegen überall Waffen, Stahlhelme, Hosen und Stiefel herum. Es sind ungewöhnlich viele junge Männer zu sehen, die nur mit einem Paar schwarzen Shorts bekleidet sind. Die Kapitulation spricht ihre eigene unmißverständliche Sprache.

Vor der Nationalbank ist ein Auflauf, aber die Menschenmenge ist nervös und bereit, sich in Sekunden aufzulösen. Jetzt sind jeden Augenblick unmotivierte Maschinengewehrsalven zu hören.

Die Schar hat sich um zwei junge nordvietnamesische Soldaten gesammelt, die an der Ecke vor dem großen Bankgebäude Wache stehen. Grüne Uniformen, flache Sonnenhelme und schwarze Ho-Tschi-Minh-Sandalen. Sie werden angestarrt, als kämen sie von einem fernen Planeten. Sie sind nicht älter als zwanzig und klammern sich an die erbeuteten M-16-Karabiner, deutlich befangen über die Aufmerksamkeit, die sie erregen.

Sie sind erst vor zwei Tagen von Ban Ne Thuot im Zentralen Hochland heruntergekommen. Die ganze Nacht waren sie unterwegs und sind müde. Eine alte Frau kommt und reicht ihnen beiden eine Schale Reis.

Unterdessen strömen die Soldaten von allen Seiten in die Stadt. Beim Palast durchbricht eine Reihe von T-54-Panzern mit einem Krachen das Gitter. In wenigen Minuten sind Präsident Minh und Vizepremier Vu Van Mau verhaftet und die FNL-Fahne auf Thieus ehemaligem «Führerbunker» gehißt. Es scheint bereits ferne Vergangenheit, als Thieu noch hier saß und hinter dem Stacheldraht lauerte. Jetzt strömen die «kleinen grünen Männer», wie sie sofort getauft werden, über den Rasen. Der «Unabhängigkeitspalast» wird befreit.

Als wären unbekannte Schleusen geöffnet, donnert ein Pulk von Panzern nach dem anderen nach Saigon hinein. Über die Newport-Bridge, über die große Hauptverkehrsstraße von Tan Son Nhut, überall weiße Fahnen von den Balkons und Fenstern. Die Straßen sind voller Menschen, die es nicht in ihren Häusern hält. Junge Leute fahren mit den Kolonnen, auf allen Seiten sind die Kampfwagen von Mopeds und Motorrädern umgeben. Auf den Panzertürmen stehen die grünen Männer mit erhobenen Fäusten und breitem Lachen. So sieht die Befreiung aus!

In einer Vorstadt Saigons, dicht am Flughafen, ist die Stimmung noch chaotischer als im Zentrum der Stadt. Es ist ein Arbeiterviertel mit kleinen baufälligen Hütten entlang der Strecke. Die vordringenden Kolonnen werden ausnahmslos mit Begeisterung begrüßt. Junge Burschen springen auf die Kühler und wollen mitfahren. In der gleichen Richtung, auf dem Bürgersteig, trotten Soldaten des Saigon-Heeres in langen Reihen. Einige tragen noch Uniform und Stahlhelm, andere haben sie weggeworfen. Seite an Seite mit den Siegern sind sie auf dem Weg in die Hauptstadt. So sieht die Niederlage aus!

Im Laufe des Nachmittags enden die letzten Kämpfe entlang des Saigonflusses. Die letzten Widerstandsnester sind überwunden. Auch die Fallschirmtruppen, die sich in einer Werft verschanzt hatten, haben aufgegeben. Eine müde Ruhe senkt sich über den Saigonfluß. Die Siesta ist spät heute.

Das nordvietnamesische Panzerkorps hat entlang der Kais sein Lager aufgeschlagen und seine Fahrzeuge in einer kilometerlangen Reihe aufgestellt. Die Soldaten haben ihre Stahlhelme abgelegt, einige baden im Fluß, um den herben Pulvergeruch loszuwerden. Die Saigon-Mädchen stehen in kleinen Gruppen und schauen die nordvietnamesischen Männer an. Sie sind größer und ihre Gesichtszüge markanter als die Südvietnamesen. – Wo ist der Feind? Wer waren die Freunde?

Der erste Abend seit dreißig Jahren mit Friede in Vietnam. Tran Van Bom hat sich schließlich auf die Treppe vor dem Unterhaus gesetzt, sein Gewehr lehnt an der Mauer. Die barsche Miene ist verschwunden. Seine Guerillerofreundin sitzt auf der Stufe über ihm und schaut mit weichen Augen die Le-Loi-Straße hinunter. Das Gespräch ist jetzt einfacher.

«Was habt ihr euch vor 45 Tagen vorgestellt, als die Gefechte bei Ban Ne Thuot begannen?» Bom denkt kurz nach, bevor er antwortet: «Wir wußten, daß Thieu verlieren und die Revolution gewinnen mußte. Daran haben wir in den 45 Tagen gedacht.»

Keine Nostalgie. Nur Sieg.

V.

Der erste Rausch und die ersten Ängste haben sich gelegt. Im neuen revolutionären Südvietnam ist der Alltag eingekehrt. Die «blaue Stunde» der Revolution ist zum hellen Vormittag geworden.

Mit einemmal befindet sich die ganze Gesellschaftsstruktur Südvietnams in einem tiefgehenden Umwälzungsprozeß. Wir, die wir die ersten drei Wochen erlebten, sahen nur die «Befreiung», nicht aber die «Revolution». Wir sahen auch, daß mehrere Saigonesen die Machtübernahme nicht als Befreiung, sondern als «Okkupation» betrachteten.

Das ist unumgänglich. Südvietnam ist dabei, von einem kapitalistisch orientierten Land zu einem sozialistischen zu werden – zumindest zu einer teilweise sozialistischen Gesellschaft.

Während der ersten Wochen merkten wir nur wenig von den neuen Machthabern. Sie saßen in den Ministerien und arbeiteten hart. Schliefen in den Büros und arbeiteten am nächsten Morgen weiter. Es war deutlich, daß es für sie eine überwältigende Arbeit war, so kurzfristig einen Generalplan für eine neue Zentralverwaltung auszuarbeiten. Nach wenigen Tagen kamen die ersten Experten aus Hanoi. Und nach drei Wochen waren über 2000 hochqualifizierte Experten aus Nordvietnam eingetroffen.

Das nächste Ziel ist die Wiedervereinigung mit Nordvietnam. Sie wird nicht sofort kommen. Wenn man schon seit 1954 wartet, kann man noch weitere fünf Jahre warten. Für die neuen Führer ist vor allem die Abnabelung von den USA entscheidend sowie die wirtschaftliche Unabhängigkeit Südvietnams. 1974 war der Import zehnmal so groß wie der Export, und die Hälfte der Einwohner – in einem Agrarstaat! – lebte in den Städten.

Für die PRG, die provisorische Revolutionsregierung, ist es nicht schwierig, die Arbeitsaufgaben einzuteilen. Sie drängen sich ganz von selbst auf. Die Arbeitslosigkeit ist enorm, die Bürokratie falsch aufgebaut, die Reisproduktion zu niedrig. Man kann überall anfangen.

Als Außenstehender konnte man nicht umhin zu bemerken, mit welcher Milde die neue Regierung sich etablierte. Zwar war es eine siegende Faust – aber sie trug Samthandschuhe. Gleichzeitig hörten wir, wie die Partisanen der Roten Khmer 120 Kilometer weiter nordwestlich am Mekong das Urbanisierungsproblem lösten. Sie jagten die Zugezogenen mit einer Frist von nur wenigen Stunden aus Phnom Penh.

Solche Mittel wandte die PRG nicht an. Vom ersten Augenblick an war es ziemlich klar, daß die PRG die Situation im voraus gut durchdacht hatte. Man hatte sich entschlossen, die Zusammenarbeit aller zu suchen, anstatt die Nation in gute und schlechte Vietnamesen aufzuteilen.

Südvietnam ist schon immer eine sehr pluralistische Gesellschaft gewesen. Wie es der frühere amerikanische Oberbefehlshaber in Südvietnam, General Westmoreland, in einem selbstkritischen Artikel nach Abschluß des Krieges schrieb: «Schon Anfang der 60er Jahre hätten wir den besonderen Charakter Südvietnams erkennen und unser Demokratisierungsexperiment stoppen müssen. Man kann Südvietnam nicht in einen Computer stecken und dann ein Stromlinien-Produkt erwarten.»

Wenn die Amerikaner klüger geworden sind – man kann noch seine Zweifel haben –, so haben sie jedenfalls ihren Preis dafür gezahlt.

Die Nordvietnamesen oder die Kommunisten der PRG laufen Gefahr, dem gleichen Problem ausgesetzt zu werden, wenn sie dem Süden ihren Willen aufzwingen wollen. Das wissen die nordvietnamesischen Führer besser als andere. So sagte ein vietnamesischer Bekannter in Saigon zu mir: «Du glaubst doch nicht, daß Nordvietnam dreißig Jahre lang einen Krieg führt, um am Ende einen so einleuchtenden Fehler zu begehen.»

Für viele in Saigon war die «Befreiung» vor allem eine Befreiung von den Schreckensvorstellungen des alten Regimes. Die Furcht vor einem Blutbad verschwand an jenem Nachmittag bei der Nationalbank, als die beiden schüchternen nordvietnamesischen Soldaten dankbar eine Zigarette annahmen. Da standen die Ungeheuer! Schaut sie euch doch an!

Die Machtübernahme wurde zu einem «Chile» mit umgekehrtem Vorzeichen. Offiziere und Beamte der alten Regierung wurden nicht zusammengetrieben und zusammengeschossen. Sie wurden aufgefordert, sich zu Neuausbildungskursen einzufinden. Wir sahen sie, wie sie mit gefalteten Händen auf der Schulbank saßen und andächtig den Erklärungen der FNL-Leute lauschten. Die FNL zitterte nicht mit den Händen. Sie weiß, was sie will, und sie hat reichlich Zeit gehabt, um sich in den Gebieten, die zuerst befreit wurden, zu üben. Hat es Kinderkrankheiten gegeben, so sind sie ihnen längst entwachsen. Selbst der alte General Duong Van «Big» Minh ist zur Nachausbildung auf die Schulbank gerückt. Erlernen, daß der Begriff «Demokratie» ganz Verschiedenes bedeuten kann, es hängt nur davon ab, wer ihn benutzt.

In Südvietnam ist eine neue Völkerwanderung im Gange: Von den Städten aufs Land. Die Dorfkomitees haben den Befehl bekommen, die zurückkehrende Bevölkerung freundlich aufzunehmen. Ein Bekannter sagte: «Ich kehre zurück in unser altes Dorf. Vielleicht kann ich dort auch wieder eine Arbeit finden. Wir müssen zurück zur Erde, von vorn anfangen. Wir müssen zurück zu einem mehr ursprünglichen Dasein. Auch wenn es schwer werden kann – und wir es fast vergessen hatten.»

Aus dem Dänischen von Johannes Feil

August 1963
Vietnam Buddhist Nun Burns Self to Death

(*Herald Tribune* vom 16. August 1963)

From Cable Dispatches

SAIGON, Aug. 15. – Buddhist nun burned herself to death today in the coastal town of Ninh Hoa, according to government sources.

It was the fourth Buddhist torch suicide in recent weeks, in protest against the government of President Ngo Dinh Diem, a Chatholic.

Ninh Hoa is about 200 miles north of Saigon.

A Buddhist novice priest and two Buddhist monks have previously committed suicide by fire in a growing campaign of protest by the Buddhists, who have accused the government of religious and political discrimination.

The government has denied the charges.

The sources reporting the latest suicide said the nun was named Dieu Quang. They said she was in her early twenties but other sources said she was older.

Body Seized

They said the body was quickly taken by government authorities for burial.

Small demonstrations were reported later in the provincial capital, Nha Trang, but there were no serious incidents.

The demonstrators demanded return of the body to the Buddhists and the implementation of government promises contained in the June 16 agreement with Buddhist leaders.

Buddhist sources reported the nun burned herself in protest against the government's seizure of a coffin containing the body of 17-year-old novice priest Thich Thann Tue, who committed suicide on the outskirts of Hue, 400 miles north of Saigon on Tuesday.

The situation in Hue itself was reported tense today, as infantry and armored units clamped virtual martial law on the city. A strict night curfew is in effect.

The main pagoda, Tu Dan, was barricaded and 150 Buddhist priests, nuns and others, some of them injured by troops during the seizure of the body yesterday, were among those inside.

The pagoda was reported running short of food and medicine.

Government troops and secret policemen waded into a group of Buddhists with steel helmets yesterday and took away Tue's body when the religious group tried to take it into the city for funeral rites at the Tu Dan Pagoda.

The government insisted that the rites be held at the Phuc Duyen Pagoda outside town, where Tue killed himself, indicating it felt that any religious procession in the city itself in the present state of tension could result in more violence.

When the Buddhist group carrying Tue's body toward the city refused to hand it over to three persons who officials said were members of his family, the soldiers and police waded in, beat the Buddhist group and took away the body, injuring several of the Buddhists.

Hat es jemals ein so prachtvolles Schlußbild bei einem Krieg gegeben?
Von Nayan Chanda*

Als ich im Januar in ein neues Apartment an der Tu-Do-Straße gezogen war, fühlte ich mich dort zuerst recht wohl. Hier war ich unbehelligt vom Straßenlärm der röhrenden Hondas unterm Balkon; am liebsten waren mir die großen Fenster, die auf den Saigonfluß zeigten und einen weiten Blick auf Himmel und Horizont ermöglichten. Ein vietnamesischer Freund jedoch, der mich in dem neuen Apartment besuchte, war weniger begeistert. Er zeigte auf den grauen Horizont jenseits des Flusses: «Von dort aus schießen die Vietcong immer ihre Raketen ab!»

Es stimmte, daß die gesamte Provinz Phuoc Long im Norden Saigons gerade an die andere Seite gefallen war. Aber die Kampffront war meines Wissens noch 160 km entfernt. Mein Freund war sicher nur etwas zu aufgeregt.

Am Morgen des 27. April – ich beobachtete gerade das Loch im Dach des Majestic Hotels einen Häuserblock weiter – dachte ich an seine Worte. Eine Plüschsuite im fünften Stockwerk, die gerade erst vor einer Woche für die VIPs geräumt worden war, war das Opfer von 122-mm-Raketen geworden und zertrümmert. Beim Einschlag am frühen Morgen warf mich die Explosion förmlich aus dem Bett. Ich lag auf dem Fußboden und sprach folgendermaßen zu mir selbst: «Dies ist die Schlacht um Saigon!» Und ich hegte nun doch ernstlich Bedenken, ob es weise war, in dieses Apartment zu ziehen.

Die fünf an jenem Morgen in Saigon detonierten Raketen – die ersten seit 1972 – waren in der Tat nur Warnschüsse. Der Schaden war gering, aber die Botschaft war deutlich: die Geduld der PRG-Truppen, die um Saigon herum massiert waren, neigte sich rasch ihrem Ende zu – es war der sechste Tag nach Thieus Rücktritt. Im Vergleich zum atemberaubenden Tempo, mit dem die PRG-Truppen die lange Küstenlinie Südvietnams vorangekommen waren, nachdem sie Ban Ne Thuot am 10. März eingenommen hatten, bewegten sie sich jetzt nach Thieus Rücktrittsrede mit unglaublicher Bedachtsamkeit. Als nach der überraschenden Ankündigung seiner Rücktrittsrede der geschlagene Präsident Thieu am Abend des 21. April auf dem TV-Bildschirm erschien, war der ganze Kampflärm, der tagelang um Saigon getobt hatte, wie erstorben. Die Kollegen waren der Ansicht, die Befreiungssoldaten säßen jetzt in ihren Fuchshöhlen und hörten Radio Saigon. Es fehlte Thieu offenbar nicht an Publikum. Fast eine halbe Stunde vor Thieus angekündigtem

* Nayan Chanda ist Korrespondent des «Far Eastern Economic Review»

Erscheinen auf der Mattscheibe trat eine Ausgangssperre in Kraft, die der Saigoner Militärgouverneur verkündet hatte. Saigon hockte am Radio oder vor dem Fernseher.

Ich stand vor dem Reuter-Büro, von dem aus man einen mit Tamarind-Bäumen bestandenen Park und den kremfarbenen Präsidentenpalast überblicken konnte, und beobachtete die auf ihren Hondas heimeilenden Leute. Ein Hubschrauber hob ab vom Palastgebiet, und mit dem Rattern seiner Rotoren überflog er den Boulevard Thong Nhat in Längsrichtung, der an der US-Botschaft vorbeiführt zum Zoo.

War es Botschafter Graham Martin, der nach einer letzten Audienz bei Thieu in die Botschaft zurückkehrte?

Was aber war der Inhalt der Unterredung gewesen? Würde Martin schließlich doch auf die Verteidigung der Festung verzichten, die er fast allein gegen seine Gegner in Vietnam – auch nach deren Rückkehr auf den Feldherrenhügel noch – erbittert verteidigt hatte? Er, der auf Vietnams Schlachtfeldern seinen Sohn verloren hatte, war der letzte amerikanische Kreuzfahrer gegen den Kommunismus, der dem Thieu-Regime zu Hilfe gekommen war – und, seiner Meinung nach, damit die amerikanische Ehre in Vietnam verteidigte. Und sein unerschütterliches Eintreten für Thieu gegen alle Kritiker ließ die «Washington Post» fragen, wessen Botschafter er denn nun eigentlich sei. Würde er zum Schluß doch das Handtuch werfen?

Eins war doch jetzt klar: Würde Thieu weiter derart an seinem Sitz kleben, trotz all der schädlichen Niederlagen auf dem Schlachtfeld, trotz des wachsenden Chores derjenigen, die seinen Rücktritt forderten, und trotz des immer enger werdenden Gürtels um Saigon, dann nur deswegen, weil sein bester Freund und Beschützer Martin immer noch hinter ihm stand.

Im Reuter-Büro scharte sich ein halbes Dutzend Presseleute um den winzigen Fernsehapparat, um Thieus Ansprache mitzuerleben. Die Wetten standen hoch zugunsten seines Rücktritts. Nur ein einziger britischer Journalist war noch überzeugt, daß Thieu nicht quittieren werde. Nein, so einer sei er nicht. Er würde allen anderen die Schuld zuschieben und dann geloben, «bis zum letzten Reiskorn und bis zum letzten Blutstropfen zu kämpfen».

Das hatte Thieu in der Tat bei zahlreichen Gelegenheiten getan. Zuletzt vor drei Wochen, als er – inmitten sich verdichtender Gerüchte über seinen Rücktritt, gar über einen Staatsstreich vergrätzter Generale – über den Rundfunk sprach, aber nur um mitzuteilen, daß er bleibe und daß alles Gegenteilige Lügen seien, die von Feiglingen verbreitet würden.

Diesmal richteten sich die meisten Schmähungen gegen die Amerikaner. Was Südvietnam jetzt brauche, erklärte er, seien nicht einfach 722 Millionen Dollar, wie sie Ford vorgeschlagen hatte, sondern auch «die B-52 zur Bestrafung der Kommunisten sowohl in Süd- als auch Nordvietnam». Statt dessen feilsche der US-Kongreß darum, ob 300 oder 350 Millionen Dollar ausreichten. «Das halte ich nicht aus!» entrüstete sich Thieu, «denn um die Ehre eines Verbündeten und das Leben eines ganzen Volkes feilscht man nicht wie um Fisch auf dem Markt.»

Die neunzig Minuten lange verbitterte Ansprache endete zur Erleichterung aller Zuhörer mit der Verkündung seines Rücktritts auf amerikanischen Druck hin. Dann trat ein 71jähriger alter zitteriger Vizepräsident Tran Van Huong vor das Mikrophon mit der Erklärung, er nehme das Amt des Präsidenten der Republik Vietnam an. Ein Kapitel vietnamesischer Geschichte war vorüber. Nguyen Van Thieu, der in der französischen Kolonialzeit noch Kompaniekommandeur gewesen war, war weg vom Fenster.

Wie ich später erfuhr, diente der vierstündige Ausnahmezustand am Samstagnachmittag der totalen Sicherheit für den scheidenden Thieu und seine Gruppe. Da das Vertrauen zu den vietnamesischen Soldaten geschwunden war, wurden amerikanische Marinesoldaten, die das «Pentagon Ost» verteidigten, zur Absicherung des Startbezirks mobilisiert, als etwa zehn Tonnen Gepäck in die Düsentransportmaschine der US-Air Force vom Typ Bristol gehievt wurden.

Um fünf Uhr nachmittags war die Maschine Richtung Taipeh gestartet, während Senator und Abgeordnete noch in der Debatte darüber verstrickt waren, ob sie selbst die Macht auf General Minh übertragen oder Präsident Huong darum bitten sollten. Schließlich führten nicht nur die Raketenangriffe dazu, daß Huong für Minh fallengelassen wurde. Die PRG-Panzer rollten geradewegs auf die Hauptstadt zu. Daß sich Saigons Atemraum immer mehr einengte, wurde dramatisch unterstrichen, als unser Wagen etwa zehn Kilometer vor der Stadt auf der Straße nach Bien Hoa an einer Straßensperre aufgehalten wurde. Die Soldaten an der Sperre bedeuteten uns, daß ein schwerer Panzerangriff auf Long Thanh im Gange sei, daß Bien Hoa seit dem Morgengrauen unter Beschuß stünde und eine vierundzwanzigstündige Ausgangssperre angeordnet sei.

Der 70jährige Huong, der gerade seinen Lebenstraum erfüllt sah, als er den Präsidentenstuhl bestieg, hatte es keineswegs eilig, General Minh Platz zu machen. Nicht nur zweiundsiebzig Stunden, sondern ganze fünf Tage lang streunten die Journalisten vor dem Präsidentenpalast und General Minhs Villa, und beobachteten die großen schwarzen Limousinen der US- und französischen Botschaft, die kamen und abfuhren.

Ein Freund bemerkte zwei Militärfahrzeuge unter einem halben Dutzend Wagen, die vor dem Tor parkten. Kleinere Menschenansammlungen – Vietnamesen, Ausländer, Presseleute – standen auf dem Gelände und spekulierten darüber, wann der General die Präsidentschaft übernehmen würde. Nur wenige bezweifelten, daß der sechs Fuß hohe Duong

Van Minh, Führer des Putsches gegen Diem im Jahre 1963, den die Amerikaner liebevoll «Big» Minh nannten, jetzt der Mann der Stunde war.

Der leutselige General, der die Opposition durch gelegentliche Aufforderungen zum Friedensschluß lebendig gehalten hatte, während er sich privat mit der Orchideenzucht in seiner abgeschiedenen Villa beschäftigte, hatte jetzt die allerletzte Chance, das Regime vor einer totalen Niederlage zu retten. Die Leute um General Minh pflegten nichts zu sagen außer: «Warten Sie auf eine formelle Ansprache.» Aber es gab eine neue Art von Vertrauen. Dieses neu erworbene Vertrauen in die Zukunft stützte sich auf Zimmerleute, die eine seit Jahren verschlossene Tür – diejenige zum Pressesaal – von ihren Nägeln und Bolzen befreiten. Hilfskräfte entstaubten die Stühle und rückten sie zurecht. Ein Abgeordneter, der aus dem bewachten Innenbezirk auftauchte, nachdem er Minh gesprochen hatte, erklärte: «Vielleicht haben wir letztendlich doch noch eine Friedenschance. Aber wir müssen rasch vorgehen, denn ich habe gehört, die andere Seite wird nicht mehr als 72 Stunden warten, ehe der Sturm auf Saigon beginnt.»

Ein Kollege, der vor dem Präsidentenpalast «Wache» hielt, meinte: «Die Situation wird haariger als im Oktober 1972, als ich Henry Kissingers Wagen zwischen Botschaft und Palast hin- und herfahren sah. Er versuchte damals seinen Friedensplan für Vietnam Thieu schmackhaft zu machen, der nicht wollte. Ja, aber damals, standen keine vierzehn kommunistischen Divisionen vor den Toren Saigons!»

Doch diejenigen Abgeordneten, die auf der Seite Thieus und Cao Kys standen und jetzt Huongs Opposition gegen die Übergabe der Präsidentschaft an Minh verstärkten, indem sie sich auf spezielle Bestimmungen der Verfassung beriefen, schienen in seliger Unkenntnis des Damoklesschwerts zu handeln, das über ihren Häuptern hing. Nicht, daß diese Leute sich der Gefahr bewußt waren, die im Hinauszögern ihres Hickhack lag, sondern sie hielten die Verfassungsmäßigkeit für das einzige, das dem Regime in diesem Überlebenskampf noch geblieben war. Was sie nicht wahrhaben wollten, war, daß die Kommunisten gerade eben diese Verfassungsmäßigkeit nicht akzeptierten und um Saigon Truppen zusammengezogen hatten, um Saigon für immer auszulöschen.

Die Atmosphäre im Innern des Zeremoniensaales des Präsidentenpalastes mit seinem Kristallüster war düster an jenem Montagnachmittag. Die Senatoren und Abgeordneten samt Ordnern, die den Saal füllten, saßen schweigend da, als die Fernseh-Crews ihre Projektorlampen ausfuhren, um die Vereidigungszeremonie des letzten Präsidenten der Republik aufzuzeichnen.

Ehe General Minh mit gespanntem Gesicht, in dunkelblauem Anzug, an das Präsidentenpult trat, entfernte noch ein Ordner das Siegel der Republik und hing ein neues Emblem auf – eine Blume, die

Frieden und Einheit symbolisieren sollte. Dieser schwächliche Versuch, jede Verbindung mit dem alten Regime abzustreifen, sagte ich mir, wird die andere Seite kaum beeindrucken. Der Befreiungssender, den ich Sonntagabend gehört hatte, ließ keinen Zweifel daran: Wer auch immer Präsident werden möge, er mußte die Armee und die Polizei auflösen, ehe die PRG sich mit Verhandlungen einverstanden erklären würde. Aber in seiner Ansprache forderte er die Truppen auf, zu bleiben, wo sie waren, und sich zu verteidigen, während er die PRG um Einstellung des Feuers bat.

Als wir den Präsidentenpalast verließen, war der Himmel durch Monsunwolken verdunkelt, als wolle er das Schicksal illustrieren, das vor dem neuen Präsidenten lag.

Kurz darauf stand ich vor dem Reuter-Büro im Gespräch mit Patrick Massey, wir sprachen über die mögliche Reaktion der PRG, als ein lauter Donner den Boden erschütterte. Was war das? Irgendwo blitzte ein Einschlag auf. Innerhalb einer Minute folgten zwei weitere Donnerschläge in rascher Folge. Das war sicher kein Gewitter ...

Bevor wir noch Zeit hatten festzustellen, woher die Knallerei kam, schien die Hölle loszubrechen mit einem mörderischen Stakkato von MG-Feuer und Flakfeuer vom Palastbezirk her, und wir rannten ins Büro hinein, um Schutz zu suchen. Der einzige sichere Ort schien hier eine kleine Ecke unter der Treppe zu sein, wo fünf Kollegen finster zusammenhockten.

Bruce Wilson vom «Sydney Morning Herald» setzte die Schreibmaschine auf eine Stufe und fing mit einer Schlagzeile an, die ihm Martin Woollacot vom «Guardian» hinter ihm hockend diktierte. Die Korrespondenten, die dem MG-Feuer lauschten – eine ganze Feuerwerksfabrik schien in die Luft zu fliegen – mutmaßten, daß jetzt der Sturm auf den Präsidentenpalast im Gange sei.

Doch Minuten darauf meldete sich am Telefon der Reuter-Korrespondent Jeremy Toye vom Flughafen, wo er sich um einen Erholungsflug nach Singapur bemühte. Er wußte es besser. Ein A-37-Düsenjäger mit südvietnamesischen Hoheitszeichen, so erklärte Jeremy, hatte soeben den Flughafen bombardiert und einen Treibstofftank in die Luft gejagt. Mit vier Anflügen auf das Abfertigungsgebäude hatte er die Paasagiere in Angst und Schrecken versetzt, die auseinanderstoben und Unterschlupf suchten.

Das Erscheinen dieser A-37 am Himmel über Saigon hatte dazu geführt, daß in Panik geratene Soldaten mit allen verfügbaren Handfeuerwaffen das Feuer eröffneten. Wie wir später hörten, kamen die drei südvietnamesischen A-37-Bomber von Phan Rang mit kommunistischen Piloten. Führer der Schwadron war Leutnant Cuyen Thanh Trung, der aufsässige Südvietnamese, der vorher einen erfolglosen Bombenangriff auf den Palast unternommen und sich der PRG angeschlossen hatte.

Nach fünfzehn Minuten war der Spuk vorbei; aber es war unmißverständlich, daß der Krieg jetzt auch hier ausgebrochen war.

Zum erstenmal hielt ich es in dieser Nacht nicht für geraten, in mein Apartment an der Wasserseite zurückzukehren, und begab mich statt dessen ins Continental Palace Hotel. Mit seinem Ziegeldach und den alten Ziegelmauern war das Hotel kaum besser gegen Raketen geschützt. Aber die Versammlung von fünfzig meiner Kollegen gab mir das Gefühl größerer Sicherheit, das ich in meinem einsamen Apartment bei der Nacht der langen Raketen nicht gehabt hätte.

So saßen wir bei Dämmerlicht im Hotelgarten des Continental Hotels und diskutierten die Bedeutung des Angriffs auf den Flugplatz. Hatten die rebellischen südvietnamesischen Piloten den Angriff geflogen, oder waren es Kommunisten gewesen? Sollte das bedeuten, daß die PRG Minh als Präsidenten ablehnten als unwürdigen Verhandlungspartner?

Die Antwort kam bald darauf aus dem Lautsprecher: der Befreiungssender forderte die Bevölkerung von Saigon und Gia Dinh auf, sich zu erheben und das Marionettenregime zu stürzen. Im Rundfunk ertönte erstmals das Lied «Unbezähmbares Saigon, erhebe dich!»

Dieser Rundfunkaufruf half vielen Kollegen, ihre Entscheidung zu fällen, ob sie mit der letzten amerikanischen Evakuierungsaktion flüchten sollten, was vielen unvermeidlich erschien. Aber würde es nach dem Angriff auf den Flugplatz noch möglich sein, die Evakuierung mit festen «WIV»-Flugzeugen durchzuführen? Der Lärm und das Getöse des Abends, die frische Erinnerung an Da Nang und Nha Trang, wo südvietnamesische Truppen sich gegenüber den Zivilisten wie Berserker benommen hatten, ließen einige Kollegen sich fragen, ob es nicht doch sicherer war, an Ort und Stelle zu bleiben, als eine Hubschrauberevakuierung im Schein aufblitzender Patronen schußfreudiger Soldaten zu wagen.

Ich saß da und beobachtete die Kollegen, wie sie hin- und herschwankten. Ich hatte mich eine Woche zuvor zum Bleiben entschlossen und einverstanden erklärt, abzuwarten, ob Reuters mit ihrem britischen und amerikanischen Personal von den Amerikanern evakuiert wurden.

Ich hatte kaum drei Stunden geschlafen, als ich von den lauten Explosionen einschlagender Raketen erwachte. Ich sah aus dem Fenster in die halb erleuchtete, verlassene Tu-Do-Straße. Es war niemand zu sehen von den Patrouillen oder jener schwarzgekleideten Miliz, die sonst immer in einer Gruppe an der Ecke des Caravelle-Hotels saß. Wieder ließen Einschläge die Fenster erzittern. Ich begab mich hinaus auf den Flur – vielleicht den sichersten Ort im ganzen Hotel, wo schon einige Kollegen versammelt waren. Einer von ihnen hatte ein «FFMM»-Radiogerät bei sich, mit dem er eine Unterhaltung auf dem Nachrichtennetz der Botschaft auffing. Man hörte die betroffene Stimme eines amerikanischen Mariners vom DAO-Posten: «Whiskey Joe ruft, Whiskey Joe ruft ‹RGERS›, DAO von Rakete getroffen, zwei Marine-Wachen getötet.» Er fragte nach Order, was er mit den Leichen machen sollte. Irgend jemand schlug vor, sie zum Lazarett der Adventisten des Siebten Tages zu bringen. (Zwei Tage nach der Befreiung lagen beide Leichen immer noch am DAO-Posten.)

Nach einer langen Pause meldete sich wieder die Stimme des Marinesprechers; er berichtete, aus einem Teil des DAO-Komplexes schlügen Flammen, ebenfalls aus dem ICCS-Gebäude. Ich kletterte zum Balkon des Obergeschosses des Hotels und konnte einen orangenen Schein am westlichen Horizont mit den spitzgiebeligen Gebäuden sehen. Darüber flog ein riesiger Schwarm von Hubschraubern. Ihre Hecklichter blinkten gespenstisch gegen den dunklen Himmel. Alle Augenblicke wurde das Gebäude von Einschlägen erschüttert, die aus allen Richtungen zu kommen schienen. Der Endkampf um Saigon hatte begonnen.

Gegen sechs Uhr war die Mehrzahl der Presseleute bereit für die Evakuierung. Sie hatten ihre kleinen Handkoffer fertiggepackt, verteilten das verbleibende Personal, das sie nicht mitnehmen konnten, auf die verbleibenden Korrespondenten und bezahlten ihre Hotelrechnung. Aber die kurze Funkverbindung über den geheimen Nachrichtenkanal ergab lediglich, daß die amerikanischen Beamten vollkommen durcheinander und nervös waren: es gäbe absolut kein einziges Evakuierungsflugzeug!

Schließlich kam kurz vor Mittag das Zeichen zur Evakuierung. Die Presseleute schwärmten aus dem Continental oder dem Caravelle-Hotel aus, um zum Startplatz zu gelangen. Es gab noch einen letzten kritischen Moment des Zauderns: sollte man bleiben oder nicht bleiben. Colin Smith vom «Observer», der noch am Abend zuvor zum Abflug entschlossen war, änderte schließlich seine Meinung und marschierte lediglich los, um zehn Flaschen Mineralwasser zu erstehen; das war seine Vorbereitung für den Sturm auf Saigon.

Seit dem Vorabend war eine 24stündige Ausgangssperre verhängt worden, aber keinerlei Polizei war zu sehen, um für deren Einhaltung zu sorgen. Soldaten und Polizisten, soweit man ihrer ansichtig wurde, sausten auf Hondas oder in Jeeps vorbei, begleitet von ihren Frauen und Kindern in einem letzten Versuch, einen der amerikanischen Evakuierungsflüge zu erreichen. Der Boulevard Thong Nhat vor der US-Botschaft war mit verzweifelten Vietnamesen vollgepfropft, die in den Bezirk der Botschaft zu gelangen versuchten. Andere wiederum, die keinerlei Chance oder Absicht zur Flucht hatten, beschäftigten sich intensiv mit dem Ausbau des Motors oder dem Abbau der Räder von Autos, die verlassen vor der US-Botschaft standen.

Angesichts dieser brodelnden vietnamesischen Menschenmenge fragte ich mich, ob sich wohl Johnson oder Nixon vorstellen konnten, was für ein schändliches Ende ihr amerikanisches Imperium hier nehmen würde, als sie die Bomber nach Hanoi beorderten.

Um drei Uhr nachmittags tauchte die erste Gruppe von drei «Jolly Green Giants» (lustigen grünen Riesen) der US-Marine am östlichen Horizont auf, um bei Tan Son Nhut zu landen und innerhalb von Minuten wieder aufzusteigen. Während einige mit Cobrakanonen ausgerüstete Hubschrauber in größerer Höhe kreisten, schaukelten Marinehubschrauber vom Typ CH 53 gerade über der Botschaft, um Menschen aufzunehmen, und brummten dann über dem Hauptpostamt ab, wo sie dem hohen Funkantennenmast in bedenkliche Nähe kamen.

Unten auf dem Boulevard geriet die Menge in Verzweiflung. Wie wahnsinnig drängten die Menschen gegen das geschlossene Eisengitter, das von grimmig aussehenden Marinesoldaten in Flakuniform mit aufgesetztem Helm verteidigt wurde.

Ich begab mich zurück und bestieg die Dachterrasse des zehnstöckigen Caravelle-Hotels, wo ich einen großartigen Blick auf die zur Evakuierung verdammte Stadt hatte. Bisher hatte nur ein einziger Helikopter auf dem Dach des Gebäudes der Alliance Française landen können. Einem der Dutzende festgelegter Sammelpunkte. Einige Hundert Menschen drängten sich in dem engen Treppenhaus und auf der untersten Terrasse, wo sie in leichtem Dämmerlicht warteten, als plötzlich vollständige Dunkelheit sie umhüllte. Die US-Botschaft hatte einen von einer Reihe roter Lichter erleuchteten Helikopter-Landeplatz, aber diese armen Leute hier hatten überhaupt kein Licht. Gegen 6.30 Uhr hatte Stromausfall die gesamte Stadt verdunkelt, die jetzt einer Geisterstadt glich. Nur die auf der Tu-Do-Straße und dem Boulevard Loi entlangsausenden Autos schickten für Augenblicke ihre Scheinwerferstrahlen über die regendurchweichten Straßen. Hubschrauber mit blinkenden Hecklichtern, gelegentlichem Aufblitzen der Projektionslampen und wirbelnden Rotoren beim Kreisen, Niedergehen und Hinaufschwingen in den Himmel boten den Anblick feuerspeiender fliegender Drachen, die einen makabren Tanz über einer sterbenden Stadt vollführten.

Zwischendurch ertönten Gewehrsalven vom Hafen herüber. Soldaten gaben Warnschüsse in die Luft ab, um Vietnamesen zu verscheuchen, die sich Eintritt in die Sperrzone zu verschaffen suchten, wo vor Anker liegende Transportschiffe sich mit den Familien der Soldaten und der reichen Vietnamesen füllten, die ein Vermögen für eine Passage ausgegeben hatten.

Als ich mich am wolkigen Morgen des 30. April erhob, waren die vereinzelten Schießereien des vergangenen Abends nicht mehr zu hören, statt dessen waren einige Raketeneinschläge von den westlichen und zentralen Bezirken der Stadt zu hören. Die Plünderungen der amerikanischen Lager und Quartiere, die am Vorabend eingesetzt hatten, waren weiter im Gange. Hunderte von Menschen – viele von ihnen in Soldaten- oder Polizeiuniformen – karrten fröhlich entwendetes Mobiliar davon, Deckenventilatoren, Kiten mit Lebensmittel- und Getränkekonserven.

Ein einsamer Polizist feuerte gelegentlich Warnschüsse ab, um die Menge unter Kontrolle zu bringen; doch die Plünderer ließen sich nicht im geringsten dadurch stören und fuhren lässig in ihrer geschäftigen Tätigkeit fort.

Der letzte «Avican»-Helikopter hatte um 7.45 Uhr in einer aufwirbelnden Wolke von Tränengas, die jemand geworfen hatte, um die Vietnamesen fernzuhalten, von dem Landeplatz der US-Botschaft abgehoben. Das letzte amerikanische Geschenk! Hunderte von Vietnamesen stoben auseinander und rieben sich die brennenden Augen. Einige meinten in ihrer Panik, die Amerikaner wollten das Gebäude in die Luft jagen, als sie die Stadt verließen.

James Fenton vom «New Statesman», der vielleicht der einzige Europäer unter den Plünderern an der amerikanischen Botschaft war, an diesem Morgen, nahm ein Buch von Barrington Moore an sich, das er schon immer einmal hatte lesen wollen. Die Vietnamesen dagegen beschäftigten sich mit materiellen Dingen wie Airconditionern, Xerox-Photokopiergeräten usw.

Inzwischen war die Menge auf der Straße kleiner geworden. Dafür war die Straße übersät mit Tausenden von Papierfetzen, Akten, zerbrochenen Nippes oder verlassenen Wagen. Ich konnte es kaum glauben – das war also das Ende der amerikanischen Ära. Flucht der letzten der imperialistischen Mächte, die versucht hatten, die vietnamesische Nation zu unterjochen. Ich fragte mich, wie lange wir jetzt noch vom Einmarsch der Befreiungstruppen in die Hauptstadt entfernt waren.

Zurückgekehrt ins verlassene Reuter-Büro, machte ich mich an die Abfassung eines Berichts über die Tagesereignisse, als plötzlich der vietnamesische Chauffeur des Büros hereingestürzt kam und ganz aufgeregt rief: «C'est fini! C'est fini!» Er hatte gerade eine Rede Duong Van Minhs gehört, der die Kapitulation erklärt hatte. Innerhalb weniger Minuten rief Reuter-Manager Dinh an, um den Text der Rede durchzupusten. Er beschwor die PRG: «Hört auf zu schießen, damit wir uns zusammenfinden können, um die Verwaltung ordnungsgemäß zu übergeben, damit unnötiges Blutvergießen vermieden wird.»

Als ich das Büro verließ, nachdem ich eine Kurzstory verfaßt hatte, liefen Hunderte von Vietnamesen in großer Unordnung die Duy-Tan-Straße entlang. Die meisten von ihnen hatten ihre Waffen fortgeworfen. Einige wenige von ihnen machten hinter der Kathedrale halt und entledigten sich ihrer Uniform, ehe sie in Weste und Unterhosen weiterliefen. Als ich diese erbärmliche Szene ansah, dachte ich, das war nun wohl das bewegendste Bild des Zusammenbruchs, den eine Armee jemals erlebt haben muß ...

Ich wollte meinen Tagesbericht gerade auf den neuesten Stand bringen, als mich ein Freund anrief, der soeben aus dem Gia-Dinh-Gebiet zurückgekehrt war, wo PRG-Fahnen über vielen Häusern flatterten. Der

Anruf eines weiteren Freundes ergab die gleiche Geschichte. Ich warf die erste Fassung fort und wollte eine neue Story anfangen mit dem Aufziehen der Fahnen, als ein gewaltiges Rattern näher kam.

Ich blickte durch die weit offen stehende Tür: unglaublich – ein schwerer Tank, mit Baumzweigen getarnt, rollte durch die Stadt in Richtung Präsidentenpalast! Mit roten und blauen Flaggen, die im Winde flatterten! Ich holte die Kamera hervor und stürzte hinaus, um einige Schnappschüsse zu machen, lief dann zur Schreibmaschine zurück, um eine Bildunterschrift für die Ankunft der Panzer zu machen. All das tat ich noch völlig ungläubig, als sei ich im Trancezustand. Ich wußte, der Krieg ging zu Ende, ich wußte, die Befreiungstruppen würden bald in der Stadt sein – und doch war ich vom tatsächlichen Anblick der PRG-Panzer überwältigt, die durch das Palasttor preschten mit aufwirbelnder Auspuffwolke. All das kam zu plötzlich, zu dramatisch, daß ich es immer noch nicht glauben wollte.

Als ich in den Palasthof lief, ratterte ein endloser Strom von Panzern herbei: die vielgefürchteten, vielbewunderten «Vietcong» saßen oben auf den Lukendeckeln ihrer Panzer, winkten und lächelten in die kleine jubelnde Menge, die sich im Nu angesammelt hatte.

Anstelle der heruntergerissenen Fahne des alten Regimes wurde die PRG-Fahne am Mast gehißt. Die Panzer vor dem Palast feuerten dazu Salut. Einige Soldaten der Befreiungsarmee waren die Treppen des Palastes hochgestürmt und wedelten vom Balkon wild mit ihren Fahnen herunter. Das Ganze sah aus wie eine Filmszene.

Hat es jemals ein so prachtvolles Schlußbild bei einem Krieg gegeben?

Aus dem Englischen von Hubert Gaethe und Ingrid Reinke

November 1963
Nach gelungenem Putsch regiert das Militär in Südvietnam
Diem und Nhu sind tot / Selbstmord oder Mord? / Fortsetzung des Kampfes gegen die Kommunisten versprochen

(*Frankfurter Allgemeine Zeitung* vom 4. November 1963)

F.A.Z. SAIGON, 3. November. In Südvietnam regiert das Militär. Seine Erhebung gegen Staatspräsident Ngo Dinh Diem und dessen Bruder, den Geheimpolizeichef Ngo Dinh Nhu, hat mit dem Tode der beiden katholischen Politiker geendet. Äußerlich ist in Saigon wieder Ruhe eingekehrt. Die Generale, die den Aufstand leiteten, haben die Verfassung außer Kraft gesetzt, das Präsidialsystem für abgeschafft erklärt, die Nationalversammlung aufgelöst und die Fortführung des Kampfes gegen die kommunistischen Vietcong-Rebellen versprochen. Gleichzeitig kündigte das Offizierskomitee unter Führung von General Duong Van Minh die Übertragung der Regierung an Zivilisten an. Als Ministerpräsident ist der bisherige Vizepräsident, der 55jährige Buddhist Nguyen Ngoc Tho, ausersehen. Der von den Militärs am Freitag verhängte Ausnahmezustand und die nächtliche Ausgangssperre gelten weiter.

Nach achtzehnstündigen Kämpfen war es den Rebellen, denen sich im Laufe ihres Aufstandes immer mehr Einheiten der Streitkräfte anschlossen, gelungen, das letzte Zentrum des Widerstandes, den Präsidentenpalast zu stürmen. Artillerie und Panzer bahnten den angreifenden Marineinfanteristen den Weg in das Innere des Palastes. Zwar wurde die Leibwache des Präsidenten überwältigt, doch konnten weder von Diem noch Nhu zunächst eine Spur gefunden werden. Beide waren durch einen unterirdischen Tunnel entkommen. Sie wurden auf Grund von Hinweisen aus der Bevölkerung in einer katholischen Kirche im Stadtteil Cholon entdeckt und gefangengenommen. Allerdings erreichten sie nicht lebend das Gefängnis.

Über die Art ihres Todes gehen die Versionen auseinander. Die Generale teilten zunächst mit, Diem und Nhu hätten Selbstmord begangen. Später sickerte durch, die beiden seien von Soldaten nach ihrer Gefangennahme während des Transportes zum Hauptquartier ermordet worden. Westlichen Journalisten wurde ebenso wie Mitgliedern der amerikanischen Botschaft die Besichtigung der Leichen verweigert. Jedoch gelang es dem AP-Korrespondent in Saigon, inoffizielle Aufnahmen der Leichen zu sehen. – Darauf lag der tote Diem neben einem Armeefahrzeug. Sein dunkler Anzug war von Kugeln durchlöchert. Offenbar wies die Leiche auch Schußwunden am Kopf auf. Nhus Leichnam, der auf einer Tragbahre lag, zeigte Hautabschürfungen. Dies könnte den Schluß zulassen, daß der weithin verhaßte frühere Geheimdienstchef geschlagen worden war. Die Leiche wies außerdem Stichwunden auf.

Das Komitee der Generale ließ verkünden: «Die Streitkräfte haben nicht die Absicht, eine Diktatur zu errichten. Sie sind der Überzeugung, daß die besten Waffen im Kampf gegen den Kommunismus Demokratie und Freiheit sind. Die Streitkräfte werden jedoch zu einer Zeit, da die ganzen nationalen Kräfte in einem entscheidenden Krieg gegen den Kommunismus stehen, auch kein ungeordnetes demokratisches Regime errichten. Wir brauchen eine disziplinierte Demokratie, die den Erfordernissen des Kriegszustandes gerecht wird.» ...

Die gefährlichste Gegnerin der Rebellen, Madame Nhu, ist nach wie vor in Los Angeles, der letzten Station einer von ihr in den vergangenen Wochen unternommenen Weltreise. Sie erklärte dort, die Schuld am Tode ihres Mannes liege eindeutig bei den USA, die sich von dieser Schande nicht reinwaschen könnten. Die Erhebung in Saigon sei ein «schmutziges Verbrechen». Das «grausame Verbrechen» werde nicht ohne Folgen bleiben. Wenn es zutreffe, daß die Vorgänge in Südvietnam den offiziellen oder inoffiziellen Segen der amerikanischen Regierung gehabt hätten, dann werde die Geschichte Vietnams erst ihren Anfang nehmen. Keinesfalls werde sie in den Vereinigten Staaten um Asyl bitten ...

So groß die innere Freude über den gelungenen Militärputsch in Saigon in amtlichen Stellen Washingtons ist (und so äußerlich die Versicherungen wirken, er sei gänzlich ohne amerikanische Hilfe oder Zuspruch erfolgt), so sehr hat ein Grübeln über die Fortführung einer Defensivpolitik in Südostasien eingesetzt, welche die Vereinigten Staaten aus strategischen wie höchsten politischen Gründen unter keinen Umständen aufzugeben vermögen. Der Staatsstreich war willkommen, weil damit in den Augen der amerikanischen Planer der bewaffnete Widerstand gegen die gefährlichste Form der Auseinandersetzung mit dem Kommunismus seit Kriegsende äußerlich erleichtert wird.

Frontlinien gibt es nicht mehr
Von Ottavio di Lorenzo*

«Ich versuche, mit den Amerikanern wegzukommen. Sollte ich es nicht schaffen ... könntest du mir dann einen italienischen Paß besorgen?» Es ist der 20. April. Aus dem Blick Polizeioberleutnants Khiem, einem jungen Mann von fünfundzwanzig, Doktorand der politischen Wissenschaften und seit einem Jahr im Dienst bei der Einwanderungsbehörde auf dem Saigoner Flugplatz Tan Son Nhut, ist die Selbstsicherheit, die er noch vor zehn Tagen, als ich ihn kennenlernte, zur Schau trug, verschwunden. Wir waren uns bei meinem zweiten Versuch, nach Saigon zu kommen – der so erfolglos verlief wie der erste – begegnet. Mein Name stand auf der schwarzen Liste, ich war dem Thieu-Regime nicht genehm. Während ich beim erstenmal die überaus rigorosen, um nicht zu sagen brutalen, Methoden der Polizei kennenlernen durfte – ich wurde kurzerhand in dasselbe Flugzeug gesetzt, das mich hergebracht hatte –, so mußte ich mich beim zweitenmal damit abfinden, achtzehn Stunden lang praktisch als Gefangener auf dem Flugplatz zu sitzen und den nächsten Flug nach Bangkok abzuwarten. Dabei lernte ich Khiem kennen. Wir saßen lange zusammen am Rande der Landebahnen und unterhielten uns, um so die Langeweile und die nächtliche Hitze zu vertreiben. Der Lärm der landenden und startenden Militärmaschinen übertönte oft unsere Stimmen, nicht immer aber ging auch das dumpfe Rollen des Artilleriefeuers darin unter, mit dem Nordvietnamesen und Vietcong unmißverständlich darauf hinwiesen, daß sie fünfzig Kilometer vor Saigon standen. Nichtsdestoweniger sprach Oberleutnant Khiem gelassen und sicher von der Zukunft, und meine Einwände konnten seine Zuversicht kaum erschüttern. Er sprach von der Notwendigkeit, den Angriff des «Feindes» zurückzuschlagen, von der Möglichkeit, die verlorenen Gebiete wieder einzunehmen, von der Aussicht, daß die Amerikaner es sich noch einmal überlegten, ihre massive Militärhilfe wieder aufnehmen und – vielleicht – noch einmal die Marines zu einer direkten Intervention entsenden würden.

Zehn Tage reichten aus, um seine Überzeugungen, sein Vertrauen und seine Indoktriniertheit vom Tisch zu fegen. Van Thieu hatte vor zwei Tagen sein Amt niedergelegt und ließ das Land am Rande einer sowohl politischen als auch militärischen Katastrophe zurück. Daß die Amerikaner sich nicht ein zweites Mal mit dem «schmutzigen» Krieg von Vietnam einlassen wollten, daß das südvietnamesische Verteidigungssystem aus den Angeln gehoben, die Saigoner Politikerschicht unentschlossen

---

* Ottavio di Lorenzo drehte für das Italienische Fernsehen

und unfähig war, den verbliebenen, wenn auch noch so engen, Verhandlungsspielraum auszunutzen, sind auch für Khiem nun nicht mehr Einschätzungen, über die sich streiten läßt, sondern entscheidende, ja definitive Faktoren. Für ihn hat sich – wie für Tausende Offiziere des südvietnamesischen Heeres – das Problem auf seine elementarsten Aspekte reduziert: seine Haut retten, sich den Vergeltungsmaßnahmen der heranrückenden Sieger entziehen. Das letzte Kapitel der dreißigjährigen Geschichte des Vietnam-Krieges ist angebrochen, auch wenn der größte Teil der Saigoner Bevölkerung so tut, als habe er nichts davon gemerkt. Aber das ist nur Schein: Unter der gleichgültigen Oberfläche lauert die Angst, der Schrecken vor der Zukunft, vor dem «Blutbad», das der südvietnamesischen Propaganda zufolge die Nationale Befreiungsfront und Nordvietnam im Falle ihres Sieges anrichten würden. Unschwer erkennt man, wie den Saigonern tatsächlich zumute ist: Der Schwarzhandel mit ausländischen Pässen – mit denen allein man den Ausreisevisastopp umgehen kann – läuft auf Hochtouren, hektisch wird der Piaster, der im Ausland nichts als ein Papierfetzen ist, umgetauscht, es ist unmöglich, einen einzigen Platz in den aus Saigon abfliegenden Linienmaschinen zu bekommen – alles Symptome der Panik, die unter den Reichen, in der Bourgeoisie, die unter den Rockzipfeln der amerikanischen «Militärmaschinerie» entstanden und an ihnen großgeworden ist, unter den Beamten und Offizieren, die aus ihrer Bestechlichkeit einen Anspruch gemacht haben, ausgebrochen ist. Ihren «Status» politischer Flüchtlinge erkennt man an den eleganten ledernen Golf-«Sets», die sich neben weiteren Koffern in der Halle des Flugplatzes von Tan Son Nhut türmen, bevor die Linienmaschinen zum Direktflug nach Bangkok, Hongkong oder Taipeh starten. Nur wenige hundert Meter weiter jedoch warten auf einem von der Sonne durchglühten, staubigen Platz die «anderen» Flüchtlinge, deren Gepäck aus armseligen Bündeln, bindfadenverschnürten Koffern und Kartons besteht. Aufrechtgehalten allein von der Hoffnung, auf einer der amerikanischen Transportmaschinen, die regelmäßig in Richtung Guam und Philippinen starten, einen Platz zu ergattern, harren sie stundenlang in der unbarmherzigen Sonne aus. Von Zeit zu Zeit kommt ein Bus an, lädt eine kleine Anzahl Menschen auf und bringt sie auf den Flugplatz, in die Baracken, die einst komfortabel und damals nur den amerikanischen Piloten vorbehalten waren. Danach das lange Warten in drückendem und bangem Schweigen bis zu dem Augenblick, da man einsteigen darf. Der wird so lange hinausgeschoben, bis die sich überstürzenden Ereignisse und die ersten nordvietnamesischen Streifzüge in die Stadt alles in ein chaotisches Handgemenge, in ein irrationales Wettrennen, in ein animalisches, hemmungsloses Gewühl verwandelt haben, wie man es ähnlich tragisch und erschütternd bereits von Da Nang her kannte.

Und wie viele auch aus Saigon abfliegen, es strömen, von derselben

Angst getrieben, immer neue aus der Provinz nach. Man braucht sich nur ein kleines Stück aus Saigon herauszuwagen, schon stößt man auf sie. Die Flüchtlinge sind die eigentlichen, wehrlosen Protagonisten eines Krieges, für den sie sich vielleicht nicht zuständig fühlen, dessen härteste und unerträglichste Rechnungen sie aber bezahlen müssen. Auf der Straße nach Bien Hoa, dem von den nahen Truppen der FNL schon eingeschlossenen südvietnamesischen Militärstützpunkt, sieht man sie zu Tausenden, eine bittere und stumme Prozession, die sich über endlose Kilometer hinzieht. Ihre Gesichter sind wie versteinert, und aus ihren Augen spricht Fassungslosigkeit, Angst und Demütigung. Unter der brennenden Sonne gehen sie mit gesenktem Kopf und gebeugtem Rükken zu beiden Seiten der Straße, als lastete das Gewicht ihres tragischen Unglücks körperlich auf ihnen. Wer kein Kind auf dem Arm hat, schleppt einen Sack oder ein Bündel oder müht sich mit der traditionellen Tragestange ab. Auch die Kinder müssen, sobald sie laufen können, etwas – und sei es nur ein alter Topf – tragen oder eine magere Kuh im Zug mittreiben, ohne sie aus den Augen zu verlieren. An ihnen vorüber fährt in entgegengesetzter Richtung eine Kolonne Panzer zur vordersten Linie, um Truppenverbände zu ersetzen, die erschöpft und geschlagen den Rückzug antreten. Zwischen den Flüchtlingen laufen zahlreiche Soldaten – Flüchtlinge auch sie. Sie sind demoralisiert, ihre Abteilungen aufgelöst: Aus ihren Augen spricht nur eine Gewißheit – daß alles verloren ist – und nur eine Sorge – ihr Leben zu retten. Die meisten sind blutjung und haben am eigenen Leibe erfahren, wie sinnlos ein Krieg sein kann, vor allem, wenn er um keiner «Sache» Willen geführt wird, wenn keine Leitidee ihn anspornt, wenn er sich nicht auf den Konsensus einer sich mit ihm identifizierenden Bevölkerung stützen kann. Das merken sie jetzt; aber jetzt ist es zu spät.

Die Soldaten allerdings, die an der Sperre stehen, welche den Flüchtlingen den Zugang zu der Straße nach Saigon verbarrikadiert, haben sich das noch nicht bewußt gemacht. Sie benehmen sich arrogant und brutal, schießen in die Luft, um damit Menschen einzuschüchtern, die nichts mehr zu verlieren haben. Das Chaos ist unbeschreiblich. Unser Wagen, auf dessen Frontscheibe «bao-chi», d. h., «Presse» steht, wird von der Menge eingeklemmt, die gegen das fast über die ganze Straßenbreite reichende Metallnetz drängt. Man sieht die Soldaten, wie sie sich mit Kolbenstößen einen Weg durch die Menge bahnen. Wir dürfen passieren, unter den Blicken der Flüchtlinge, und wir fühlen uns dabei um so schuldiger, als wir wissen, daß nur ganz wenige von ihnen nach Saigon gelangen werden. Tatsächlich bestehen nur wenige die Prüfung ihrer Dokumente, die Kontrolle ihres armseligen Gepäcks, die Leibesvisitation. Die meisten werden abgewiesen, und kein Argument und kein Bitten kann so viel Rigidität erweichen. Tausend Piaster könnten die Soldaten vielleicht dazu bewegen, ein Auge zuzudrücken, aber so viele

Piaster finden sich nicht in den Taschen der Flüchtlinge. «In die Menge, die nach Saigon will», erklärt uns ein Sergeant, «haben sich Kommunisten, Vietcong eingeschlichen. Wir können das Risiko nicht eingehen und sie praktisch vor unserer Nase einmarschieren lassen.» Seine Worte haben einen irrealen, aus der Luft gegriffenen Beiklang, denn die Vietcong liegen bereits in den Wäldchen und Reisfeldern zu beiden Seiten der Straße. Frontlinien gibt es nicht mehr, denn eines der stärksten und bestausgerüsteten Heere der Welt bröckelt auseinander. Spähtrupps suchen, genau vor unseren Augen, nach Vietcong – vergeblich und vor allem mit wenig Überzeugung, schließlich will keiner noch kurz vor Toresschluß sein Leben verlieren. Und daß es sich um die letzten Zukkungen handelt, daran besteht kein Zweifel. Unklar ist nur, auf welche Art und Weise dieser lange Krieg zu Ende gehen wird. Die Entschlossenheit der FLN und Nordvietnams, die Früchte ihres beharrlichen, zähen und konsequenten Kampfes so bald wie möglich und vollständig einzusammeln, scheint deutlich durch in Camp David, der «Enklave», wo mitten im Militärstützpunkt Tan Son Nhut sich seit zwei Jahren, aus Sichtweite überwacht, die Vietcong-Delegation aufhält, die über die Einhaltung der Pariser Abkommen verhandeln sollte. Oberst Ciang, der Chef der Delegation, spricht am 26. April auf der üblichen wöchentlichen Pressekonferenz in entschiedenem Ton; sein Gesicht ist ungerührt, der Blick kalt, sein Lächeln läßt das Blut gerinnen: Er diktiert die Klauseln einer bedingungslosen Kapitulation. Hinterher sagt lächelnd ein Vietcong-Offizier zu mir: «Nächste Woche halten wir die Pressekonferenz vielleicht schon in der Stadt, in Saigon ab!» Prophetie? Überzeugung? Ein vom Wissen um bereits ausgearbeitete Pläne diktierter, versehentlich entschlüpfter Satz? Wahrscheinlich von allem etwas, das jedoch auf einen gemeinsamen Nenner zu bringen ist: den Willen und die Gewißheit, binnen kurzem zu siegen. Mit den vier Raketen, die nach Mitternacht auf Saigon niedergehen, wird die Politikerschicht Saigons gewarnt und darauf hingewiesen, daß ihre Zeit abgelaufen ist, daß das Blatt sich von nun an wendet: Entweder sie erfüllt die Bedingungen der Vietcong – unter denen die Entfernung sämtlicher mit dem Thieu-Regime kompromittierten Männer aus der Regierung an erster Stelle steht – oder «ein Regen von Luftangriffen» – so der Sender der FLN aus dem Untergrund – «geht auf Saigon nieder».

Dies ist in groben Linien die politische, militärische und psychische Lage Saigons, als am Nachmittag des 28. April General «Big» Minh die Rede hält, mit der er, ausgestattet mit allen Vollmachten, das Amt des Präsidenten der Republik übernimmt. Im Saal des Präsidentenpalastes, den Van Thieu zu einer unnahbaren und feindseligen Festung umgebaut hat, sind sie fast alle versammelt, die Männer, die – in unterschiedlichem Ausmaß – die Verantwortung für den südvietnamesischen «Bankrott» tragen. Sie scheinen ruhig und heiter zu sein; die Atmosphäre ist beinahe irreal. Der Senatspräsident, Tran Van Lam, sitzt unerschütterlich in seinem Sessel. Er sagt als einziger kein Wort, tauscht nur kühl Grüße aus. Vielleicht grübelt er darüber nach, warum nicht er den höchsten Posten im Staate erlangt hat, wohl kaum aber fragt er sich, warum die Regierung, der er angehört, es stets so hartnäckig abgelehnt hat, den politischen Kompromiß zu versuchen, den die Pariser Abkommen, so zweideutig sie auch sonst waren, vorgezeichnet haben – Abkommen übrigens, die er selbst als Außenminister einst unterzeichnet hatte.

Die Stimme eines Redners dirigiert die verschiedenen Takte von Minhs Antrittszeremonie, ein Geisterballett. Kaum einer glaubt noch an die Erfolgsaussichten dieses äußersten Versuchs, die bedingungslose Übergabe an die Truppen der FLN und Nordvietnams zu verhindern, nachdem diese inzwischen den Stützpunkt Bien Hoa eingenommen haben und, wenige Kilometer vom Präsidentenpalast entfernt, vor den Toren der Stadt stehen. Das Unvermögen der Politiker- und Parlamentarierschicht, einen radikalen politischen Kurswechsel auch nur zu wollen, und die verspäteten und ungerechtfertigten Ambitionen des alten Vizepräsidenten Huong (des verfassungsmäßigen Nachfolgers von Van Thieu) haben den verbleibenden Handlungsspielraum in nicht wiedergutzumachendem Ausmaß erodiert, und Minh ist sich dessen vielleicht sogar bewußt, auch wenn er in seiner Rede noch immer von Friedensabmachungen spricht und um Einstellung der Kampfhandlungen sowie Aufnahme von Verhandlungen ersucht. Minh, der nach zehnjähriger Abwesenheit wieder auf die politische Bühne tritt, läßt in seiner Rede Vorsicht walten: er fürchtet Schwanzhiebe seitens der unversöhnlichsten Generale, die völlig außer seiner Kontrolle stehen und deren Sympathie er nicht genießt. Mehr als die Staatsmacht übernimmt Minh im Grunde die Aufgabe – allerdings ohne in den Genuß des Inventars zu kommen –, die bankrotten politischen und militärischen Geschäfte Thieus zu liquidieren und der immer lästigeren amerikanischen Präsenz in Vietnam ein Ende zu setzen.

Es währt auch nicht lange, da wird schon offenbar, auf welch tönernen Füßen Minhs Versuch steht. Die hohen Würdenträger in ihren Ministerwagen sind kaum aus dem Doc-Lap-Palast, als zwei Flugzeuge auf Tan Son Nhut niederstoßen; sie tragen das Saigoner Kennzeichen, und gleichwohl geht gegen sie ein beeindruckendes Kreuzfeuer los, eine Schießerei, die die Stadt überrascht und verängstigt. Es sind zwei der Flugzeuge, die Thieus Heer bei seinem «strategischen Rückzug» aus Da Nang stehengelassen hatte und die heute, von Nordvietnamesen gesteuert, ihre Bombenlast über die Hauptstadt tragen. Die verwirrten Menschen flüchten sich in Torgänge, Bars und Hotelhallen, begreifen nicht, was vorgeht, vermuten einen Staatsstreich, während im Radio ein vierundzwanzigstündiges Ausgehverbot verhängt wird. Als später die Umstände dieser Episode aufgeklärt werden, lähmen Bestürzung und Unruhe die Stadt. «Das ist der Anfang vom Ende», sagt der Concierge des Hotels zu mir. «Wenn sie einen derartigen Angriff wagen, heißt das, sie wollen alles, sie sind entschlossen, ohne Verhandlungen bis zum Ende zu gehen.» An dem Punkt, bei dem man angelangt ist, ist das natürlich unschwer vorauszusehen und der Concierge irrt sich nicht. Der Befreiungssender – und Radio Hanoi spricht es ihm nach – zieht Minhs Aufruf zu sofortigen Verhandlungen ins Lächerliche. In der Nacht verstreichen die Stunden im Rhythmus der Angriffe und der Geschosse, die auf Tan Son Nhut niedergehen: Man weiß, daß Minh in Kontakt mit der Vietcong-Delegation in Camp David steht, seinen Schachzügen aber vermag keiner zu folgen, noch weniger den Perspektiven seiner Bemühungen.

Am Morgen des 29. April erwacht Saigon abgespannt und verängstigt; die Straßen sind leer, die Geschäfte geschlossen. In einem kurzen Kommuniqué, das im Rundfunk verlesen wird, verkündet Minh, er habe die Amerikaner gebeten, binnen vierundzwanzig Stunden das Land zu verlassen. «Mama will, daß du sie sofort zu Hause anrufst», ist die verschlüsselte Botschaft, mit der die US-Botschaft über den amerikanischen Sender in Saigon ihre letzten Evakuierungspläne verabschiedet. Ein nichtssagender Satz, der für die Amerikaner eine bittere Erfahrung abschließt und in Vietnam einer Epoche – der der westlichen Hegemonie – ein Ende bereitet. Die Amerikaner ziehen ab, und der «ehrenvolle Frieden», den sie vor zwei Jahren in Paris unterzeichnet haben, schützt sie vor der militärischen Niederlage. Doch eine Niederlage bleibt es, vielleicht eine noch schwerwiegendere und demütigendere als die militärische. In Vietnam ist die technologische Macht, der Reichtum an Mitteln, der Überfluß an Nachschub geschlagen worden, vor allem aber die amerikanische Bündnispolitik in den sich entkolonialisierenden Ländern, eine Politik, deren grundlegender Irrtum schon zu erkennen war, als der damalige Staatssekretär Dean Acheson 1949 schrieb: «Daß Ho Tschi Minh mehr ein Nationalist als ein Kommunist ist, tut nichts zur Sache. Alle Stalinisten in den kolonialen Gebieten sind Nationalisten. Hinter dem Ziel der Unabhängigkeit verbergen sie ihr wahres Ziel: die Unterordnung des Staates unter die Ideologie und die kommunistischen Ziele, die Vernichtung nicht nur der Opponenten, sondern der geringsten Abweichungen.»

Das rasende Starten und Landen und die Irrflüge der amerikanischen Hubschrauber am Himmel von Saigon lösen schließlich die Panik in der Stadt aus: Die Straßen sind nun nicht mehr leer, der Verkehr wird zum Chaos, es ist, als hätte man einen Ameisenhaufen abgedeckt. Staatsbeamte, Offiziere, Soldaten, Akademiker, Wühler – jeder, der irgendwie dem alten Regime oder den Amerikanern gedient hat – versuchen, noch kurz vor Toresschluß rauszukommen. Vor der Nationalversammlung treffe ich Hauptmann Khuan, der mich 24 Stunden zuvor in meinem Hotelzimmer davon hatte überzeugen wollen, daß noch nicht alles verloren sei. Er ist blaß und nervös. Er sieht zu seinem braunen Opel, in dem ich zwischen Koffern eingezwängt seine Frau und die beiden Kinder erblicke. «Was soll ich tun? Wohin soll ich gehen? Wo soll ich mich verstecken?» fragt er mich mit angstvoller Stimme. Ich weiß nicht, was ich ihm antworten soll, auch deshalb nicht, weil es auf diese Fragen keine annehmbaren oder glaubhaften Antworten mehr gibt. Mein betretenes Schweigen antwortet für mich. «Ich verstehe» – sagt er und drückt mir die Hand – «hoffen wir, daß wir uns eines Tages wiedersehen, in besseren Zeiten.» Er steigt in den Wagen und fährt los, obwohl er nicht weiß, wohin, wie fast alle, die in den amerikanischen Evakuierungsplänen unberücksichtigt blieben.

Der Verzweiflung derer, die ohne Hoffnung flüchten, steht die fast fröhliche Tollheit derer gegenüber, die sich an die systematische Plünderung amerikanischer Wohnungen, Büros und Geschäfte machen. Es sind Menschen aus den ärmsten Stadtteilen, die es nicht fassen können, daß sie Hand an solchen Überfluß legen können. Soldaten und Polizisten sehen beifällig zu, regeln den Zustrom der Plünderer, nehmen sich auch selbst ihr Teil – das Beste – von der Beute. Eine alte Frau schleppt sich mit einem halben Kalb ab; ein Dreirad bricht unter dem Gewicht eines Kühlschranks zusammen; ein Kind versucht, einen Farbdruck zu verkaufen, den es eben von der Wand einer Wohnung abgerissen hat. Was sich nicht wegbringen läßt, wird zerstört. Der Raubzug wird in der Nacht fortgesetzt, während die Gewehrschüsse und die Maschinengewehrsalven immer dichter aufeinander folgen.

Der Eindruck des Kollapses ist jetzt nur noch äußerlich; das Machtvakuum hat begonnen, die absolute Anarchie hat eingesetzt. Mir kommt in den Sinn, was mir vor ein paar Tagen ein vietnamesischer Bekannter sagte: «Was mich entsetzt, ist die Aussicht auf die Tage des Machtvakuums. Erst wenn ich einen nordvietnamesischen Panzer unter meinem Fenster vorbeifahren sehe, wird mir die Angst vergehen. Ich meine die Angst davor, von der Hand eines rohen Verbrechers, eines Plünderers, eines Fanatikers zu sterben.»

Und es wird wirklich eine Nacht der Angst. Durch die Straßen Saigons ziehen – nun ohne Vorgesetzte – Soldaten in Gruppen, die töten, um zu stehlen oder um sich einen Fluchtweg zu bahnen. Aber sie töten auch, um sich zu rächen – sie fühlen sich von den Amerikanern verraten, deren Hubschrauber immer noch am Himmel umherschwirren, und entladen ihren Zorn an allem und jedem. Am nächsten Morgen, dem 30. April, ist Saigon eine bis zum äußersten erschöpfte und verängstigte Stadt in Not. Auf den ausgestorbenen Straßen erscheint die Zivilverteidigung – kaum fünfzehnjährige, einheitlich schwarzgekleidete Burschen, die mit auf uns gerichteten Maschinenpistolen unsere Dokumente zu sehen wünschen. Vor der Nationalversammlung versucht ein junger Mann vergeblich, Feuer an sich zu legen – eine sinnlose Gebärde des Protests oder der

Verzweiflung, die der wachestehende Polizist, wenn auch mit schwacher Überzeugung, vereitelt. Der Eindruck der Auflösung ist allumfassend: man wartet nur noch auf die offizielle Bestätigung, die auch bald folgt. Um zehn Uhr vierzehn befiehlt «Big» Minh – Präsident seit sechzehn Stunden – seinen Truppen, das Feuer einzustellen und keinen Widerstand mehr zu leisten. Minh wendet sich auch an die «Brudersoldaten der provisorischen Revolutionsregierung» mit der Bitte, die Kampfhandlungen einzustellen. Saigon ist nun eine offene Stadt, die Republik Südvietnam gibt es nicht mehr. Ein Polizeioffizier schießt sich vor dem häßlichen Kriegerdenkmal am Anfang von Le Loi in den Kopf. Er stirbt röchelnd, aber die verstreuten Soldaten, die an ihm vorbeigehen, beachten ihn mit keinem Blick. Der Krieg ist zwar für sie zu Ende, aber mehr als die Last der Niederlage bedrückt sie die Sorge um die Zukunft, fürchten sie die «anderen».

Von Minute zu Minute kommen weniger Soldaten vorbei, dann schließlich keiner mehr. Der Platz vor der Nationalversammlung, an dem sich das Continental und das Caravelle erheben, die beiden fast vollständig von den Hunderten verbliebenen Journalisten belegten Hotels, ist wie ausgestorben. Drückende Stille. Nervtötendes Warten. Zwölf Uhr Mittag ist gerade vorüber, als ein Vietnamese in die Hotelhalle stürzt und schreit: «Sie kommen, die Vietcong sind da!» Seine Worte werden von zwei trockenen Salven übertönt, die anders klingen als die bis zu diesem Abend gehörten. Glücklicherweise werden sie nicht erwidert. Ein paar Sekunden, und auf dem Platz taucht ein Jeep auf, auf dem Männer in Hemden ihre Waffen schwenken: Über ihnen flattert die Fahne der Befreiungsfront – ein Stern auf rotblauem Grund. Kaum zehn Meter hinter ihnen fährt ein Lastwagen voll Soldaten in olivgrüner Uniform mit dem unverwechselbaren Tropenhelm auf dem Kopf. Nach einem Augenblick der Erregung verlassen wir alle das Hotel und gehen ihnen entgegen: Sie grüßen uns lächelnd wie alte Freunde, die von einer langen Reise zurückkehren. Sie sind gelassen, als führen sie zu einer Militärparade, und nicht wie Männer, die dabei sind, die neuralgischen Punkte einer Stadt zu besetzen. Über die Straßen der City rollen mit Laub und Zweigen bedeckte nordvietnamesische Panzer, LKWs und Jeeps. Im Präsidentenpalast hat «Big» Minh seine Mission beendet: Von Übergabe der Regierungsgeschäfte kann dabei kaum die Rede sein, es war schlicht und einfach ein Abtreten. Minh tritt heraus, umgeben von Männern der FLN, die ihn zu einem Jeep begleiten: Sein Gesicht verrät Erschöpfung und Angespanntheit zugleich, ist aber dennoch nicht das eines geschlagenen Mannes. Bevor er den Wagen besteigt – auf dessen Windschutzscheibe ein Bild von Ho Tschi Minh prangt –, sagt er leise: «Es galt, Menschenleben zu retten, ich mußte es tun.» Sein gesunder Menschenverstand hat Saigon eine harte Prüfung erspart und verhindert, daß der Krieg mit einem weiteren blutigen Kapitel abschloß.

Außerhalb der Gitter rollen immer mehr getarnte Panzer, Geschütze, Panzerautos heran. Die Männer darauf sind fröhlich, lächeln, grüßen herzlich die ersten Saigoner, die auf die Straßen gegangen sind, um sie zu sehen. Viele erwidern den Gruß mit den Umständen entsprechender Begeisterung, viele mit Erleichterung, denn der Alp einer Schlacht ist von ihnen genommen, in der sie die passive Hauptrolle zu spielen gehabt hätten; viele schauen sie auch nur mit einer Mischung aus Neugier und Staunen an. Die Spannung löst sich mit einemmal, die Befürchtungen der vergangenen Stunden scheinen zu verfliegen; was man hier als erstes zu sehen bekommt, scheint die Propaganda des abgelösten Regimes Lügen zu strafen. Vier Soldaten des südvietnamesischen Heeres, die mit ihrem Jeep ziellos umhergefahren waren, halten plötzlich mitten auf der Straße an, über ihrem Fahrzeug flattert ein weißes Tuch. Sie tragen noch Teile ihrer Uniform und sind vollständig bewaffnet. In ihren Gesichtern steht Sorge, sie rauchen nervös; aber niemand kümmert sich um sie. Die Sieger haben nicht vor, sich zu Strafmaßnahmen, zur Rache hinreißen zu lassen. Den Krieg, den sie gewonnen haben – so wird mir später ein Offizier erklären –, haben sie nicht gegen die Vietnamesen, sondern gegen die Amerikaner geführt. So sehe ich, wie neben dem Rathaus ein Vietcong-Soldat einen ehemaligen Polizisten laufen läßt, wahrscheinlich gegen den Wunsch dessen, der ihn wiedererkannt hat und ein summarisches Urteil an ihm vollstreckt sehen wollte.

In den Straßen Saigons wimmelt es jetzt wieder von Menschen: die Einwohner entdecken die Zeugnisse eines militärischen Zusammenbruchs sondergleichen. Auf den Gehwegen, an den Straßenecken, in den Torgängen liegen Uniformen, Gewehre, Handgranaten, Munitionen aller Art herum, die die Thieu-Soldaten in ihrer überstürzten und ungeordneten Flucht weggeworfen haben. Eine Gruppe Kinder läuft die Straße entlang und stößt mit den Füßen Kartuschen vor sich her, als wären es Fußbälle. Es sind die Trümmer einer Kriegsmaschine, die, von den Amerikanern mit Hunderten Milliarden Dollars auf die Beine gestellt, im Verlauf weniger Stunden auseinandergefallen war – weniger kraft der militärischen Stärke ihrer Kontrahenten als vielmehr aufgrund ihrer eigenen tiefinneren moralischen und politischen Schwäche. Das Ende hatte zwei Monate vorher begonnen, als Thieu beschlossen hatte, seine Verbände in einem strategischen Rückzug aus den zentralen Hochebenen abzuziehen, um sie um eine Reihe Städte und Schlüsselstellungen herum zu konzentrieren. Dies war kein Kräftesammeln, sondern ein schlichter regelrechter Rückzug, eine Niederlage gewesen, die die Untauglichkeit der zwar in der Korruption, nicht aber im Befehlgeben versierten Generale, die Ineffizienz der logistischen Organisation, den Mangel an Überzeugung in die Sache ans Licht brachte. Als feststand, daß es keine amerikanischen Hilfeleistungen mehr geben würde, kam es schnell und würdelos zum Kollaps. Die Chefs flohen an Bord der Hubschrauber und

Flugzeuge. Den Soldaten blieb nichts anderes übrig, als zu Fuß das Weite zu suchen. Vor der amerikanischen Botschaft steht jedenfalls fast keiner. Sie bietet einen trostlosen Anblick: Papierfetzen und Autowracks. Die Gittertore sind geschlossen, drinnen keine lebende Seele. Zwei Burschen von der FLN sind genug, um diesen Palast, in dessen Innern die Würfel über Südvietnams Geschicke fielen, zu bewachen. Nun flößt er niemandem mehr Ehrfurcht oder Angst ein. Das mächtige Amerika ist zum erstenmal in seiner Geschichte geschlagen worden, vielleicht weil es sich in den falschen Krieg verstrickt hat, in einen Krieg, in dem es nicht nur auf den Reisfeldern, sondern auch im eigenen Hinterland mit einer der Gewalt konträren öffentlichen Meinung zu kämpfen hatte.

Nach nicht allzu langer Zeit hat Saigon sein normales Aussehen fast vollständig wiedergewonnen. Saigon, der schlaffe, korrumpierte Bauch von Vietnam, die Stadt, die ökonomisch sicher am meisten vom Krieg profitiert hat, zahlt nun weit weniger, als andere, kleinere Städte einst bezahlt haben, und unendlich weniger, als der Krieg den Landgebieten genommen hat. Sicher wird es in der Zukunft noch zu zahlen haben, aber im Augenblick scheint alles gut abzugehen. Der Verkehr ist wieder geräuschvoll und chaotisch, auch wenn Benzin knapp und nur zu horrenden Preisen zu haben ist; die Bettler bedrängen die Passanten an den Straßenecken mit demselben frechen Übermut wie vorher; die Prostituierten winken wieder auf den Straßen oder warten in den Hotelbars auf Kunden. Nur die hübschesten, provozierendsten, die vor der Befreiung keine Konkurrenz zu befürchten hatten, sie fehlen; für sie war es nicht schwer, auf den amerikanischen Hubschraubern einen Platz zu finden. Der «kleine Diebesmarkt» blüht wieder und die Verkaufsstände bieten Waren in solcher Menge und Qualität an, wie man sie bisher nicht gekannt hatte: Es ist praktisch die gesamte Beute aus den zuvor geplünderten amerikanischen Häusern und Geschäften. Unter den Käufern sind auch die Soldaten der Befreiungsfront. Schüchtern und mißtrauisch begutachten sie wieder und wieder Transistorradios und Uhren, bevor sie sich zum Kauf entschließen. Aber ihre Wachsamkeit ist ein sehr durchlässiger Damm gegen die schlauen, gerissenen Verkäufer, die ihnen meistens altes Zeug, «Kupfermünzen» gegen ihre Hanoier Piaster andrehen, die neue starke Währung, die den Dollar abgelöst hat.

Nur die Anwesenheit der nordvietnamesischen Soldaten, der Ho-Tschi-Minh-Bilder und der Fahnen der FLN und Nordvietnams zeugen von dem radikalen Regimewechsel, der hier stattgefunden hat. Es sieht tatsächlich so aus, als beabsichtigten die neuen Machthaber, mit Vorsicht vorzugehen, als wollten sie jede Entscheidung vermeiden, die die Bevölkerung traumatisieren und, wie auch immer, im nachhinein die Propaganda des vorigen Regimes bestätigen könnte. Aus den, an den strategischen Punkten der Stadt aufgestellten Lautsprechern tönen bis in die frühen Morgenstunden revolutionäre Lieder, politische Botschaften und

Verhaltensrichtlinien. Die gleichen Mitteilungen erscheinen auch im «Saigon Giai Phong» («Befreites Saigon»), der Tageszeitung, die nun an die Stelle aller anderen, einschließlich der französisch- oder englischsprachigen Zeitungen getreten ist, die vor dem 30. April erschienen sind.

Von der neuen Macht hört man die Stimme, ihr Gesicht aber kennt man noch nicht. Wir müssen sieben Tage warten, um das Militärkomitee, das die Stadt verwaltet, zu Gesicht zu bekommen. Es tritt anläßlich der ersten, zur Feier des Sieges einberufenen Kundgebung auf den Balkon des Präsidentenpalastes: in der Mitte Tran Van Tra, der Stratege der Tet-Offensive von 1968 und ehemals Giaps rechte Hand.

Tags darauf gibt Tran Van Tra seine erste und einzige Pressekonferenz, im gleichen Saal, in dem zehn Tage zuvor «Big» Minh vereidigt worden war. Der Sieger von Saigon erklärt, daß das neue Regime für Unabhängigkeit, Freiheit und Frieden in ganz Südvietnam sorgen will, daß es bereit ist, Beziehungen mit allen Nationen aufzunehmen, die die Autonomie des Landes zu respektieren beabsichtigen, daß das Militärkomitee es als seine vorderste Aufgabe ansieht, Ordnung und Sicherheit in Saigon wiederherzustellen, und daß es so lange im Amt zu bleiben gedenkt, bis die Provisorische Regierung das Amt angetreten hat. Je genauer Tran Van Tra in seinen Grundsatzerklärungen ist, desto ausweichender ist er in seinen Antworten: Er will nicht verraten, wo sich die Provisorische Regierung aufhält, die noch keiner gesehen hat; er sagt nicht, wo die Gefangenen in Gewahrsam gehalten werden; er spricht von allgemeinen Wahlen, nennt aber keine Termine; er zitiert die Pariser Abkommen, insofern sie von Wiedervereinigung sprechen, obwohl die Ereignisse sie zu Altpapier gemacht haben. Eine unnütze Konferenz, wäre nicht die Wiedereröffnung des Telexverkehrs mitgeteilt worden, die den Journalisten – über Hanoi – die Übermittlung ihrer Korrespondenz ermöglicht, und wäre nicht die Zusage gegeben worden, daß denen, die es wünschten, so bald wie möglich die Ausreise gewährt würde.

In den darauffolgenden Tagen wird die Richtung, die das Militärkomitee, vor allem auf dem Gebiet der Ordnung und Sicherheit, einschlagen will, deutlicher. «Ich mußte sterben, weil ich gestohlen habe», steht auf einem Schild, das nur dürftig den leblosen Körper eines jungen Mannes bedeckt, der in einer Gasse hinter dem Markt liegt. Eine Streife, die ihn beim Einbruch überraschte, hatte ihn auf der Stelle erschossen. Gegen Diebe, Räuber und Plünderer geht man mit eiserner Hand vor, auch deshalb, weil die Verbrecher im Vertrauen auf ein Machtvakuum von längerer Dauer Saigon seit dem Tage seiner Befreiung als ihr gelobtes Land betrachten.

Die Flüchtlinge werden aufgefordert, auf ihre Felder, in ihre heimatlichen Dörfer zurückzukehren. Jeden Tag starten Armeelastwagen, an deren Seiten das Reiseziel zu lesen ist: Da Nang, Tay Ninh, Dalat, Ban Ne Thuot usw.

Die meiste Beachtung schenkt das Militärkomitee der politischen Arbeit, der Schaffung von Strukturen, die geeignet sind, die Konsensus der Bevölkerung mit dem neuen Regime zu organisieren. Die seit dem ersten Tag der Befreiung aus Hanoi herbeigebrachten politischen Kader ziehen durch die Wohnviertel, rufen die Bevölkerung zusammen, fordern sie auf, den Behörden zu vertrauen und ihre Direktiven zu befolgen. Vereinigungen werden gegründet – an erster Stelle die Einheitsgewerkschaft der Werktätigen –, die als flankierende Organe sämtliche Stufen der Gesellschaft erreichen sollen. Ebenfalls bemüht man sich darum, die noch immer stillgelegten Verwaltungsstrukturen neu zu beleben. Das alte Personal – das sich versteckt gehalten hatte – erhält Anweisung, sich in Büros, die an mehreren Stellen der Stadt hergerichtet wurden, zu melden. Nach einigem Zögern lassen sich ehemalige Beamte, Angestellte, Polizisten «registrieren». In ihren Gesichtern steht nun nicht mehr die Angst, die sie in ihre Verstecke getrieben hatte, dafür Sorge um die Zukunft. Denn sich bei den Behörden melden, heißt noch nicht, daß man schon an seinen Arbeitsplatz zurückkehren darf, man stellt sich damit lediglich einer Art Volkszählung zur Verfügung. Ihre Arbeit werden sie erst wieder aufnehmen, wenn ihr Standpunkt gewissenhaft überprüft und ihre Mitverantwortung geklärt worden ist. Die Behörden sprechen nicht von Säuberungen, doch um sie handelt es sich – wie stets, wenn ein radikaler Regimewechsel stattfindet und das Regime sich der Zustimmung der Bevölkerung versichern muß, um wieviel mehr dann in einer Stadt wie Saigon, die sich der Revolution gegenüber im wesentlichen noch lau verhält. Ein bedeutender Teil dieser politischen Arbeit ist den Studentenorganisationen überantwortet worden. Im Studentenheim halten sich Hunderte Studenten auf. Sie finden sich in Gruppen zusammen, die abwechselnd Lieder singen und unter der Anleitung oft improvisierter Mentoren an kollektiven Initiativen teilnehmen: Da gibt es die Schulungsseminare, in denen die Geschichte Vietnams, die Gegebenheiten des Krieges gegen die Amerikaner und die Grundelemente des Marxismus-Leninismus erörtert werden. Den Studenten fällt die Aufgabe zu, alle Idole des konsuminfizierten Westens – wie lange Haare, Blue jeans, Coca-Cola, Jazz u. ä. – niederzureißen und die vietnamesischen Traditionen neu aufzuwerten. Aber auch die abendländische Kultur soll abgedrängt werden. So sind es gerade die Studenten, die auf den Straßen der Stadt für die Abschaffung der englisch- und französischsprachigen Bücher, für die Schließung des Handels mit gebrauchten westlichen Büchern und für die Ächtung aller – nicht nur der pornographischen – ausländischen Zeitschriften und Zeitungen demonstrieren.

Hinter diesen politischen Aktivitäten läßt sich noch schwer eine lenkende Hand erkennen. Das Militärkomitee ist seit seinem ersten Auftritt praktisch unerreichbar. Von der Provisorischen Regierung – die immerhin seit 1969 im Untergrund regiert – weiß man nichts. Man weiß noch nicht einmal, ob sie sich in Saigon oder anderswo befindet, wo und wann sie zusammentritt, noch ob und wie sie Beschlüsse faßt. «Après les fantoches, les fantômes» («Erst die Marionetten, jetzt die Geister»), sagen die Journalisten, die erbittert darüber sind, daß sie die tausend Gerüchte nicht verifizieren können, daß ihre Bewegungsfreiheit auf die Stadt eingeschränkt ist, oder die frustriert sind vom Warten auf eine Ausreise, die stets «unmittelbar bevorsteht», aber nie festgemacht wird.

Das Geheimnis um die Regierung gibt zu allen möglichen Schlußfolgerungen Anlaß und nicht zuletzt zu der Vermutung, daß zwischen den Vertretern des Südens und denen des Nordens die politischen Meinungen hinsichtlich der Art und Weise, wie die Zukunft des Landes gestaltet werden soll, weit auseinandergehen. Ein Geheimnis, das erst am 15. Mai mit der großen Militärparade, die die dreitägigen Siegesfeiern eröffnet, teilweise gelüftet wird. Auf einer großen, vor dem Präsidentenpalast errichteten Tribüne können die Menschen die Männer sehen, von denen sie bis dahin vielleicht nur die Namen kannten: von Huynh Tan Phat, Premierminister der Provisorischen Regierung vom Tag ihrer Gründung an, über Nguyen Huu Tho, den angesehenen Präsidenten der Befreiungsfront, der kein Kommunist ist, bis zu Frau Thi Binh, der Außenministerin, deren Gesicht der ganzen Welt vertraut ist. Unter ihnen auch die wichtigsten Vertreter Nordvietnams, angefangen beim Präsidenten der Republik. Am meisten jedoch überrascht die Anwesenheit von Le Duc Tho, dem Mann, der mit Kissinger die inzwischen von den Ereignissen überholten Pariser Abkommen ausgehandelt hat. Er befindet sich auf dem Ehrenplatz in der Mitte der Tribüne. Es wird gesagt, er sei schon seit dem auf die Befreiung folgenden Tag in Saigon und der eigentliche Kopf des Militärkomitees. Nord und Süd stehen zusammen, vereint wie die beiden Fahnen, die jetzt stets nebeneinander wehen. Genauso schwierig ist es, unter den defilierenden Truppenverbänden die aus dem Norden und die aus dem Süden – mit Ausnahme besonders charakteristischer Volksgruppen – auseinanderzuhalten. Die Soldaten auf den zur Feier des Anlasses eilig frisch lackierten Lastwagen, Panzern und Panzerwagen sehen alle gleich aus. Wie es nur eine Kommunistische Partei – mit einer Sektion für den Norden und einer für den Süden – gibt, so gibt es nun auch eine einheitliche Armee, die ein einziges Volk zu verteidigen hat. Die Vereinheitlichung – deren Verfahrensweisen in internationalen Indochina-Abkommen wiederholt bezeichnet worden sind – vollzieht sich bereits in den Dingen, und es ist nicht auszuschließen, daß es sehr bald – tout court – zur Wiedervereinigung kommen wird.

Aus dem Italienischen von Monika Lopez

August 1964
Nach dem Überfall vor Nordvietnam

Johnson befiehlt: Angreifer vernichten

US-Streitkräfte werden verstärkt

(*Die Welt* vom 4. August 1964)   **Washington, 3. August**

Die amerikanische Regierung hat am Montag scharf auf den Zwischenfall im Golf von Tonkin, bei dem der US-Zerstörer «Maddox» von drei nordvietnamesischen Schnellbooten angegriffen worden war, reagiert. Washington machte unmißverständlich klar, daß in Zukunft jeder Angreifer vernichtet wird.

Präsident Lyndon B. Johnson erließ in seiner Eigenschaft als Oberbefehlshaber der Streitkräfte die folgenden Anordnungen:

1. Die Patrouillenfahrten vor der nordvietnamesischen Küste werden fortgesetzt;
2. statt eines werden künftig zwei Zerstörer im Golf von Tonkin patrouillieren;
3. diese beiden Zerstörer erhalten ständige Luftsicherung;
4. alle Kommandanten haben Befehl, jeden Angriff mit einem Gegenangriff zu beantworten und den Gegner nicht nur zu vertreiben, sondern zu vernichten.

Außerdem kündigte das amerikanische Außenministerium an, daß bei der Regierung Nordvietnams formell gegen den unprovozierten Angriff der drei Schnellboote auf den amerikanischen Zerstörer in internationalen Gewässern Protest erhoben wird. Vermutlich wird dieser Protest auf dem Weg über die internationale Indochina-Kontrollkommission in Hanoi überreicht werden, da die USA keine diplomatischen Beziehungen zu Nordvietnam unterhalten.

Der Sprecher des State Department, der dies am Montag bekanntgab, sagte dazu, die USA betrachten den Zwischenfall als eine ernste Angelegenheit.

Nordvietnamesische Vorwürfe, daß amerikanische Kriegsschiffe im Golf von Tonkin nordvietnamesische Inseln beschossen und amerikanische Flugzeuge von Laos aus nordvietnamesische Dörfer angegriffen hätten, wies der Sprecher zurück. Er sagte, beide Vorwürfe seien «ohne Grundlage». Zu dem Zwischenfall hat Hanoi bisher nicht Stellung genommen.

Vorher hatte Außenminister Dean Rusk Nordvietnam vor neuen Aggressionsakten gegen amerikanische Kriegsschiffe in internationalen Gewässern gewarnt. Rusk erklärte, die drei Schnellboote, die am Sonntag den Zerstörer «Maddox» im Golf von Tonkin angegriffen hatten, seien einwandfrei nordvietnamesischer Herkunft gewesen.

«Die andere Seite hat sich die Finger verbrannt, und wenn ein solcher Zwischenfall wieder passiert, wird sie sich noch einmal die Finger verbrennen», sagte Rusk . . .

Wie das amerikanische Pazifik-Oberkommando mitteilte, wurden die drei Schiffe kurz nach dem ersten Angriff von Aufklärungsmaschinen des Flugzeugträgers «Ticonderoga», von dem auch Düsenjäger mit Raketen und Bordwaffen in das Gefecht mit den amerikanischen Zerstörer eingegriffen hatten, fotografiert. Diese Fotos ließen keine Zweifel, daß es sich um Einheiten nordvietnamesischer Nationalität gehandelt habe. Das gehe eindeutig aus den hölzernen Rümpfen der Schiffe hervor.

Saigon, 30. April 1975
Von Börries Gallasch*

Ganz Saigon ist dabei: Das Volk schaut zu, wie ein Leutnant versucht, seinen Präsidenten umzubringen. Dreimal greift er an, jagt im Tiefflug über die Stadt, zweimal wirft er Bomben auf den Präsidentenpalast – und dann ist auch schon alles vorbei, Spektakel und Drama zugleich.

Während eine kleine Rauchwolke hinter dem Präsidentenpalast aufsteigt und langsam verweht, lösen sich die Menschen aus ihrem Schock. Da ist es, das seit Wochen erwartete Signal, das schon nicht mehr zu kommen schien, und nun doch noch gekommen ist: Der Putsch, so sieht es aus, hat begonnen.

8. April, 8.00 Uhr morgens, Soldaten greifen nach ihren Waffen, Fotografen nach ihren Kameras, Reporter hasten in Richtung Präsidentenpalast. Weggeblasen ist das bißchen an Haltung, das nach den Wochen des Rückzuges und der wilden Flucht noch übrig war, abgewischt die heroische Schminke – in Deckung gehen, ehe die Panzer kommen.

Auf der Kreuzung Hai Ba Trung/Nguyen Du, etwa zehn Blocks vom Sitz des Präsidenten entfernt, reißt sich ein Polizist die Uniform vom Leib, rennt in Unterhemd und Hose zu seinem Fahrrad – Krieg fini für ihn, schnell nach Hause, nach Hause, ehe es losgeht. Tumult auf dem Zentralmarkt, verstopfte Straßen, auf den Gehwegen raffen die Händler ihre Waffen zusammen, Lautsprecherwagen verkünden Ausgangsverbot für 24 Stunden.

Und dann kommt die Ernüchterung. Kaum einer, der sich freut, noch weniger, die Grund dazu hätten. Diese Bomben haben nur das angerichtet, was Bomben in der Regel tun: Unschuldige getötet. Thieu lebt, «mit Gottes Hilfe», wie er seinem Volk über Radio und Fernsehen mitteilt.

Einerseits. Und doch, die Stimmung hat sich verändert. Die Hoffnung auf eine Ablösung Thieus, auf welche Weise auch immer, ist dahin, die Ausweglosigkeit der Lage noch klarer geworden. Mit Thieu in den Abgrund: Endsiegpsychose im Führerbunker, Resignation auf der Straße.

Während sich der Staatschef selbst den Weg ins rettende Ausland offenhält (drei Hubschrauber auf dem Riesengelände des Präsidentenpalastes), verurteilt er seine Landsleute zum bedingungslosen Ausharren: Absage von Konferenzen und Tagungen im Ausland, auch Wissenschaftler und hohe Regierungsbeamte erhalten keine Ausreisevisa mehr, generelles Verbot von Studien an ausländischen Universitäten. Die Schulen sind geschlossen.

Und der Krieg kommt näher. Tag für Tag rückt das Artilleriefeuer

---

* Börries Gallasch ist Redakteur des «Spiegels»

dichter an die Stadt, auf dem nächtlichen Weg zum Fernschreiber, durch die leeren Straßen der Hauptstadt, begleitet uns Journalisten das monotone, fast rhythmische Rummsen der 130-mm-Haubitzen: «Der Angriff auf Saigon», so Oberstleutnant Achim Weste, Militärattaché der Bundesrepublik, «hat begonnen.» Saigon ist Frontstadt geworden.

Und die Bevölkerung weiß das. Hué war weit, und den Verlust der Blumen und Erdbeeren von Dalat konnten die Menschen verschmerzen – aber Xuan Loc und Than An sind nah, und wenn die Nationalstraße vier verlorengeht, dann ist Saigon vom Reis im Delta abgeschnitten.

Auf die heillose Angst der vergangenen Wochen ist Apathie gefolgt: Für einen größeren Aufbruch, für einen letzten Versuch ist keine Kraft mehr mobilisierbar.

Statt dessen treffen Mütter und Väter die kleinen Vorbereitungen, an die sie sich in jahrzehntelangem Krieg gewöhnt haben: Herr Huynh, der gleich hinter dem Doc-Lap-Palast in einem kleinen Haus wohnt, gibt mir für seine in Deutschland lebende Tochter ein holzgeschnitztes Amulett mit, seine Frau stanzt Metall-Erkennungsmarken für ihre vier Enkelkinder und hängt sie ihnen um den Hals: «Das habe ich 1968 gemacht, 1972 und jetzt zum drittenmal. Hinterher habe ich sie immer weggeworfen – ich war zu optimistisch.»

Zu optimistisch waren viele. Auch Thomas J. Garrity aus Los Angeles, dessen Maschinenbaufabrik «Emerald Industries» nach anderthalbjähriger Bauzeit vor zwei Monaten die Produktion aufgenommen hat, mit 120 Arbeitskräften. «All my money is in it, I just can't leave, damm it.»

Damm it: Während die Flüchtlinge auf den Decks amerikanischer und vietnamesischer Schiffe zusammengepfercht, bei tagelanger Fahrt ohne ausreichende Verpflegung und meist gegen ihren Willen auf die ehemalige Gefängnisinsel Phu Quoc verfrachtet werden, bastelt das Saigoner Regime noch immer an einem Super-Ehrenmal für die amerikanischen GIs. Das Monument, seit genau einem Jahr am Boulevard de la Revolution nahe des Saigoner Flughafens Tan Son Nhut im Bau, sollte ursprünglich 200 Millionen Piaster kosten und in diesen Tagen fertig werden. Mittlerweile haben sich die Kosten auf über 400 Millionen verdoppelt, und es soll noch ein Jahr länger bis zur feierlichen Einweihung dauern, durch Thieu und mit dieser Inschrift: «Zur Erinnerung an jene Amerikaner, die in Vietnam für die Verteidigung der Menschenrechte gefallen sind.»

Nguyen Quang Vinh, einer der dort unlustig herumpfuschenden Bauarbeiter, weiß, wann die Arbeiten an dem Monstrum eingestellt werden: «Wenn die anderen endlich hier sind, und das weiß die Saigoner Regierung auch . . .»

Wenn die anderen endlich hier sind . . .

Bis vor wenigen Tagen noch: unvorstellbarer Gedanke für Millionen von Vietnamesen, denen der Antikommunismus so tief eingebleut wurde und mit ihm die Siegeszuversicht, daß sie der unmittelbar bevorstehende Zusammenbruch so hilflos trifft wie ein Kind der Verlust seines Vaters.

So wie für Tran Ho Lin, Dreiradtaxi-Fahrer im Hafengebiet, 48 Jahre alt, ausgemergelter Körper, verhärmtes Gesicht, muskulöse Beine, zehn Kinder, die Roten «das Ende, der Tod» sind, so fühlt die Mehrheit, jedenfalls hier in Saigon, echot, was die Propaganda der vergangenen dreißig Jahre ihnen in den Kopf gehämmert hat.

Deshalb: Mit dem mißlungenen Putsch vom 8. April, mit diesem Putsch, der schließlich nur zum Attentat reichte, mit dieser Einzelaktion eines jungen Fliegeroffiziers und nicht erst mit der Ablösung Thieus zwei Wochen später beginnen die allerletzten Tage von Saigon – die letzte, entfernte Möglichkeit über eine Totaloperation, eine rigorose Amputation des restlichen Südvietnams unter Führung der dritten Kraft zu einer Übergangslösung nach dem Muster von Laos zu kommen, ist dahin. Auch den Berufsoptimisten, den Jublern, den Blinden wird in diesen Tagen im April klar, daß das Unmögliche zur unabwendbar heraufziehenden Gewißheit geworden ist: die Kommunisten werden kommen, bald.

In diesen heißen Sommertagen bricht das Elend des geschundenen und seit Jahrzehnten vergewaltigten Volkes auch in Saigon auf; verlieren die Hauptstädter ihre letzte Waffe, ihr Lächeln, hinter der sie die Ohnmacht der Getretenen und Geschundenen, ihre Verlegenheit und ihr Schamgefühl so geschickt verbargen: dieses helle, scheinbar natürliche Lachen, das jeden Neuling so verblüfft und verwirrt – immer dann wenn man Tränen oder Niedergeschlagenheit, irgendein Zeichen der Trauer oder Verzweiflung erwartete, diese plötzliche Heiterkeit, die den Beobachter ratlos läßt.

Nach der Preisgabe dieser letzten Selbstverteidigungswaffe wurde die Tiefe des Risses noch deutlicher, der durch die vietnamesische Nation geht – wie sollen diese Menschen aus Nord und Süd nach der Stunde Null miteinander versöhnt werden? Wie sollen sie nach dem Ende des Krieges, der für die eine Seite Sieg und für die andere Niederlage bedeutet, zueinander finden können, ohne vorher das durchzumachen, was nach solchen Kriegen eher logisch, sogar notwendig scheint: die Abrechnung, die Rache, das Jüngste Gericht für die Schuldigen.

Kaum einer, der nicht damit rechnet... und, natürlich, von der amerikanischen Armee-Zeitschrift «The Arms and Stripes» nach Kräften darin bestärkt wird: «Mindestens eine Millionen Südvietnamesen», so das Blatt Ende April, «wird von den Roten ermordet werden.»

Und die Flüchtlinge, die seit fast zwei Monaten vor den langsam nachrückenden Soldaten der Befreiungsfront fliehen, glauben der Greuelpropaganda. Saigon bleibt ihnen verschlossen, auch im fruchtbaren Delta sollen die heruntergekommenen, verzweifelten, halbverhungerten Menschen keine Unruhe stiften: Also werden sie auf Truppentranspor-

tern rund ums südliche Vietnam auf die Insel Phu Quoc verschifft.
Ein idealer Platz für Gefangene, für ein Lager, für ein KZ. 40 000 Vietcong und nordvietnamesische Soldaten wurden hier bis zu ihrer Entlassung nach dem Pariser Abkommen gehalten wie die Tiere, zusammengepfercht in verdreckten Nissen-Hütten, hinter dreifachen Stacheldrahtzäunen, ohne Schutz vor der sengenden Sonne. Ein idealer Platz auch für die Ansiedlung der Flüchtlinge aus dem Norden. Alles da, was die Staatsmacht braucht, um die Spreu vom Weizen zu trennen: eine Militärgarnison, von der niemand desertieren kann, ein übersichtliches Lager, vorübergehend «out of use», keine Zuschauer, wenn einmal «hart durchgegriffen werden muß». Und durchgegriffen wird, hart vor allem.
Ich bin zusammen mit vier weiteren Journalisten in einem Regierungsflugzeug auf die Insel gekommen, wo uns der Flüchtlingsminister Dr. Dan die «Umsiedlungsarbeit der Regierung», aber auch die «humanitäre Hilfe befreundeter Regierungen», namentlich der Deutschen vor Augen führen will. Aus diesem Grunde ist auch der deutsche Botschafter in Saigon, Dr. Heinz Dröge, mitgereist.
Als der Jeep-Konvoi mit den Generalen, dem Minister, dem Botschafter und einem Mitglied des UNO-Flüchtlingskommissariats nach wenigen Minuten am Ufer, wo die Flüchtlinge angelandet werden, landeinwärts weiterzieht, bleiben die Journalisten zurück.
Wir sehen, was wir nicht sehen sollten: hinter einem Flugzeugwrack, etwas abseits des Prominentenblickfelds, bilden 30 schwerbewaffnete Soldaten einen Kreis um eine Gruppe von etwa 20 Soldaten, die mit entblößtem Oberkörper, die Hände auf den Rücken gefesselt, einem Verhör unterzogen werden.
Die Skorteure, flüchtende Soldaten oder kommunistische Saboteure? Der, den sich einer der Inquisitoren gerade vorknöpft, mit dem Schlagstock bearbeitet und mit den Füßen tritt – er hat anscheinend nur einen Fehler: auf seinem Rücken trägt er eine scheußliche Tätowierung – dekadent, wie der verhörende Offizier findet, dekadent und gefährlich. Die Soldaten geben unumwunden zu, was mit ihren Opfern später geschehen soll: sie werden erschossen, weil sie nicht gestehen. Und was, wenn sie nichts zu gestehen haben?
Saigon in diesen Tagen, eine Stadt vor der Einnahme: Voll mit Menschen, die den Ausbruch planen oder sich auf die Tage nach der Einnahme vorbereiten. Die Angst sitzt so tief, daß den einen die heillose Flucht in ein Land, deren Menschen sie nicht verstehen (Amerika), noch das kleinere Übel scheint, erträglicher jedenfalls, als die Aussicht mit den «andern, den Roten, den Charlys, denen aus dem Norden, den Kommies», kurz: den Landsleuten im eigenen Land zu leben.
Im Zoo von Saigon beratschlagen die Familien, hier ist man unter sich: kein einziger Fremder in den weiten Gärten, wo auch das Nationalmuseum steht, ein Haufen alter Schätze, der zum letztenmal von den

Franzosen in den vierziger Jahren ausgezeichnet wurde und seither lieblos verwahrt wird und unbeachtet verwahrlost.

Vor den Krönungskleidern der vietnamesischen Könige kauert ein Wächter mit seiner Familie, kocht auf einem kleinen Feuer das Süppchen für den Abend. Der blaue Rauch zieht in feinen Streifen um einen dicken Buddha herum dem Ausgang zu.

Vor den Käfigen lagern ganze Sippen, der Mann hört zu, die Frauen reden, einige weinen, Kinder stehen betroffen dabei. Überall Militär, Soldaten mit aufgepflanzten Bajonetten, einige Flugabwehrpanzer: hier werden die Menschen bewacht und nicht die Tiere, von denen es ohnehin nicht mehr viele gibt. Was da mal an Tigern und Löwen war, ist verhungert, korrupte Wärter haben das Fleisch auf dem Markt verschoben. Der traurige Rest lebt von Gemüse – dann und wann ein grauer Elefant, Affen vor allem, und Fische. Gleich daneben im «Gelben Haus», wo einmal die Zooverwaltung saß, ist jetzt das Hauptquartier der Sicherheitspolizei. Hier quälte Thiem seine Opfer in jahrelanger Isolationshaft.

Im Rex-Café an der Le-Loi-Straße sitzt die geschlagene Armee und leckt ihre Wunden: großspurig die jungen Offiziere aus der Etappe, die, den Pastis in der manikürten Linken, die Zigarette in der Rechten, von zukünftigen Schlachten gegen die Kommunisten faseln – niedergeschlagen und düster die Waffenbrüder, die wenigen, die das doppelte Glück hatten, ihre heillose Flucht aus dem Norden überlebt zu haben und in die Hauptstadt hinein zu dürfen: das Regime duldet dies nicht, aus Angst vor kommunistischen Infiltratoren, aber auch um die Saigoner nicht zu beunruhigen, den wahren Stand der Dinge zu verheimlichen.

Derweil, nicht weit entfernt im Nobel-Club von Saigon: Die schöne Kolonialzeit, die noch genauso lange dauern wird, wie ihr die Revolution kein Ende macht. Im Club 147 in der Vo-Tan-Straße, durch Stacheldraht und Maschinengitter geschützt, drei Dutzend busenfreie Schönheiten, «not over twenty», versteht sich. Das plüschverhängte Refugium gewährt nur Weißen Zuflucht, Vietnamesen haben keinen Zutritt und seien sie noch so reich: mit Geld kann man sich die Hautfarbe nicht kaufen. Amerikaner, Holländer, Deutsche – schwitzend, fressend, Bäuche tätschelnd. Wer will, der kann, die meisten wollen: «Honey come over here, this is not Vietnam» grölt einer an der Theke – und hat recht.

Aber wenn das erst wieder Vietnam ist: eines der Mädchen sagt «sie werden mir beide Hände abschlagen, die Haare abschneiden, die Lippen verbrennen» – «warum?» – weil sie sich ihre Fingernägel lackiert hat, die Lippen geschminkt, die Haare westlich frisiert. Es ist unbeschreiblich, wie tief die Angst sitzt, das Mißtrauen, der Haß. Die da von Versöhnung sprechen, wissen sie eigentlich, wovon sie reden?

Am 29. April endlich scheint die Galgenfrist abgelaufen, die Hinrichtung, auf die alle warten, endgültig festgesetzt: Saigon wird bestraft werden, gesäubert, die bösen Geister ausgetrieben. «Big» Minhs Verhandlungsversuche, so heißt es, sind gescheitert, die vergangene Nacht hat den ersten anhaltenden Beschuß des Flughafens Tan Son Nhut gebracht. Artilleriefeuer im Norden und im Westen und dazu die rhythmischen Explosionen von Cu Chi, wo das größte Munitionsdepot Vietnams in die Luft fliegt, den Himmel in eine glutrote Wand verwandelt.

Terzani, Mummendey und ich haben die Nacht auf dem Flur verbracht, wo wir sicherer sind als in unseren zur Straße hingelegenen Zimmern: das Continental Palace Hotel hat dicke Mauern und nur ein Volltreffer könnte uns hier erwischen. Wir sitzen auf den kühlen Kacheln in dem hohen, weißgetünchten Gang, ziehen die Köpfe ein, wenn es ganz besonders nahe kracht, zwischen uns ein kleines Transistorgerät. Durch Zufall können wir die Radioverbindung zwischen dem «Defence Attache Office» der USA (DAO) und der Botschaft abhören. Gespenstisch, grotesk diese Gespräche zwischen dem Einsatzleiter im DAO und der Botschaft, diese festen ruhigen, so unbeschreiblich satt-sonoren Stimmen vor dem Hintergrund gelegentlich aufflackerndem Maschinengewehrfeurs und den gewaltigen Explosionen: «Two marines killed in action, heavy fighting, when shall we meet?» Und die Botschaft antwortet nach einer Weile: «It's fixed at six o'clock» – und das muß die Evakuierung sein.

Die Ratten verlassen das sinkende Schiff. Das Schicksal holt die Stadt ein, so scheint es, diese Prostituierte des Krieges mit ihrem Etappen-Luxus und den Kriegsgewinnlern, ihren faulen Festen und fetten Schmarotzern, die hier bis zum letzten Augenblick auf ein Wunder gewartet haben und selbst jetzt noch vor dem vermeintlich bevorstehenden Jüngsten Gericht nur an ihre Bereicherung denken.

Saigon plündert sich selbst. Wie die Aasgeier stürzten sich die Menschen auf das, was die abziehenden Amerikaner hinterlassen, reißen in wilder Hast erst die dicksten Fetzen aus der Leiche, dann nagen sie die Knochen ab: Fernsehgeräte, Fotoapparate, Radios, schließlich Duschen, Toiletten, Fensterrahmen, Lampen – alles wird demontiert, weggekarrt. Aber das sind nicht die Armen aus den Slums, die da schleppen und ächzen – das sind die Beamten, Soldaten, hohen Offiziere, die aus der Sackgasse ihrer Gier nach Wohlstand und Besitz selbst fünf Minuten vor zwölf keinen Ausweg finden.

Unterdessen evakuieren die Amerikaner, hasten die Auslandskorrespondenten zu den verabredeten Treffpunkten, verbarrikadiert sich die sogenannte Elite der amerikanischen Kriegsberichter hinter den Gittern der US-Botschaft. In den Maschinengewehrtürmen an den Ecken des Geländes, das innen von US-Soldaten und draußen von Elitetruppen Thieus beschützt wird, sitzen die Fotografen und machen Bilder von der verzweifelten Menschenmenge vor den Toren, die sich einen letzten Flug mit dem Hubschrauber dahin erhoffen, wo sie glauben, daß auch für sie die Freiheit ist. Den ganzen Tag, die ganze Nacht starten die Hubschrauber. Am Morgen des 30. April stürmen auch Vietnamesen das Botschaftsgebäude, plündern die unteren Geschosse, während auf dem Dach noch immer Hubschrauber starten und landen, von Marines mit Maschinenpistolen geschützt.

Die Stunde Null dauert fünf Stunden – um sieben Uhr morgens hat der letzte amerikanische Hubschrauber Saigon verlassen. Um zwölf Uhr weht die Fahne der Befreiungsfront am Unabhängigkeitspalast.

Dietrich Mummendey und ich hatten die Nacht beim Roten Kreuz in der Hong-Thap-Tu-Straße verbracht und waren gegen acht zum Hotel Caravelle gefahren, wo sich das Gros der zurückgebliebenen Auslandsjournalisten versammelte: Vornehmlich Franzosen, Japaner, einige Engländer, Italiener und wir. Mummendey und ich hatten es im Hotel nicht mehr ausgehalten und waren zum Reuter-Büro gegangen, das querab vom Unabhängigkeitspalast lag, etwa zwei Kilometer vom Hotel entfernt. Ich hatte Angst, meine Knie waren so weich, daß ich kaum gehen konnte, aber ich ging: ich stand um 11.15 Uhr vor dem Unabhängigkeitspalast, der vor mir lag wie ein Museum am Sonntagmorgen, unbewacht, vor den gewöhnlich schwerbewachten Absperrungen und Barrikaden lagen einige Stahlhelme, Uniformjacken, Gewehre, sogar Handgranaten und eine Panzerfaust.

Kein Mensch weit und breit, vereinzelte Schüsse, in der Ferne noch immer die Explosionen des Munitionslagers von Tan Son Nhut. Ich gehe durch das halbgeöffnete Gittertor, ein Major kommt auf mich zu, geht an mir vorüber, als sehe er mich nicht. Ich gehe über den Rasen, rechne damit, daß jeden Augenblick irgend jemand auf mich schießt – debattierende Soldaten neben der Treppe zum Haupteingang, eine schwarze Staatslimousine fährt vor, Nguyen Van Huyen, Vizepräsident der sterbenden Republik, will einsteigen. «Wir erwarten jeden Augenblick eine Delegation der Befreiungsfront hier im Palast, Sie können ja warten, wenn Sie wollen.» Die Soldaten der Präsidialgarde grüßen nicht einmal, als der zweite Mann des Staates in der Limousine an ihnen vorbeifährt, durch den Hinterausgang.

Ich hole tief Luft – weiter, die Stufen hinauf zum Haupteingang, durch die Halle und dann in den ersten Stock. Hier treffe ich Ha-Huy-Dinh, einen kleinen Saigoner Rechtsanwalt, Schüler Premierministers Vu Van Mau. Ha-Huy-Dinh, erst seit einigen Tagen aus dem Untergrund wieder aufgetaucht, hatte dieselbe Idee wie ich – einfach hingehen, wenn was passiert, dann hier. Für die nächsten drei Stunden bleibt er bei mir.

In diesem Augenblick, wir stehen noch mitten in der Halle, öffnet sich zur Linken der Fahrstuhl – Präsident «Big» Minh, Premierminister Mau, einige Sekretäre kommen aus dem Bunker hinauf in den ersten Stock. «Big» Minh: «Es ist gut, daß Sie hier sind, Sie werden erleben, wie ich das Schicksal meines Landes in die würdigeren Hände lege, als es meine eigenen sind.»

Während sein Gefolge unruhig umherläuft, steht «Big» Minh aufrecht und stumm mitten in der Halle, blickt durch die Glasfront des Palastes über den Rasen zur Kathedrale hinüber. Plötzlich: Schüsse, Granatfeuer, Maschinengewehrsalven – ich werfe mich auf den Boden, suche Schutz hinter einem Betonpfeiler, ohrenbetäubender Krach. Ein Putsch in letzter Minute, Angriff auf den Palast? Müssen wir sterben? Ich habe Angst.

Keine einzige Glasscherbe bricht, wir kommen aus unserer Deckung hervor, «Big» Minh steht noch immer da, wo er vorher stand, groß wie ein Denkmal neben seinem kleinen Premier. Vor unseren Augen ein unglaubliches Bild: drei Panzer mit übergroßen Fahnen der Befreiungsfront rollen auf das Gittertor zum Palastgarten zu, wild um sich schießend, in die Luft feuernd, was die Rohre hergeben – Schüsse der Freude, Orchester des Sieges, Minuten des Triumphes. Der erste Panzer walzt das Tor nieder, rollt geradeaus über den Rasen genau auf den Palast zu, die beiden anderen scheren rechts und links aus, alle drei stoppen unmittelbar vor der Hausfront. Zwanzig, dreißig weitere folgen.

Ich laufe auf den Balkon, fotografiere, Ha und ich wechseln uns ab, eine phantastische Szene. Und dann: der Kommandant des Führungspanzers, ein Sturmgewehr in der Linken, die Fahne in der Rechten stürmt die Treppe empor, rennt mich fast um, zwei weitere Soldaten der Befreiungsfront postieren sich rechts und links neben der Treppe, niemand kümmert sich um «Big» Minh und die anderen, die etwas abseits vor dem Vorzimmer des Präsidenten warten.

Vor mir steht der Panzerkommandant – schreit mich an, immer wieder dasselbe – ich verstehe ihn nicht. Ha ruft zu mir hinüber: «Mach die Tür zum Balkon auf, mach doch.» Ich reiße die Glastür wieder auf, er stürmt an mir vorbei, hißt die Fahne, schwenkt sie hin und her: unten fahren weitere Panzer vor, alle schießen in die Luft, einige Journalisten kommen von draußen auf den Rasen gerannt.

Dort ergeben sich die letzten dreißig Soldaten des alten Regimes, vielleicht die einzigen der alten Thieu-Armee, die sich nicht in den letzten Stunden ihre Uniform vom Leib gerissen hatten und getürmt waren. Sie stehen mit erhobenen Armen und setzen sich dann in drei Reihen auf dem Rasen.

Ich laufe zurück in den Palast, nicht eine Minute zu früh: als einziger Europäer im Palast, als einziger Journalist bin ich dabei, wie General «Big» Minh, Präsident der Republik Vietnam, von Pham Xuan The, Kommandant der Doan-Don-Son-Armeegruppe der Befreiungsarmee festgenommen wird: mit gezogener Pistole, einer russischen K 55, selbst aufgeregt, sehr laut, sagt The zum Präsidenten: «Herr Minh, wir wollen, daß Sie sofort mit uns zur Radiostation fahren und die Armee zur totalen Kapitulation auffordern, damit kein weiteres Blut vergossen wird.»

Aber Minh will nicht, er schlägt vor, daß seine Ansprache hier im Palast auf Tonband aufgezeichnet wird, man debattiert, die Argumente wiederholen sich, immer mehr PRG-Soldaten stürmen in die Halle. Jetzt wird nach einem Tonband gesucht – vergeblich, so wie in der ganzen Stadt, haben auch hier die Angestellten und Techniker nicht nur ihre Arbeitsplätze verlassen – sie haben mitgenommen, was nicht niet- und nagelfest war: es gibt kein Tonbandgerät im Palast.

Das Durcheinander legt sich erst, als der Oberbefehlshaber des Übergabekommandos der PRG, der politische Kommissar Bui Van Tung, die Szene betritt. Die mittlerweile stark angewachsene Gruppe von Menschen wird in den Protokollsaal des Palastes im ersten Stock geführt, dort warten wir: einige Journalisten sind mittlerweile von draußen dazugekommen, Soldaten der PRG, Minh, Mau, der politische Kommissar.

Nach einigen Minuten verlassen Minh, Mau und der politische Kommissar den Raum, gefolgt von all denen, die sich hier mittlerweile eingefunden haben. Wir gehen über die Treppen hinunter auf den Rasen, halb um das Rondell, Minh und Mau steigen in einen Jeep, bewacht von zwei PRG-Soldaten, der politische Kommissar Tung und ein weiterer Soldat steigen in einen zweiten Jeep. Ich stehe daneben, rede in französisch auf den Kommissar ein, halte ihn fest, will einsteigen – und er nickt: mein mit Ho-Tschi-Minh-Bart bewaffneter Advokat Dinh und ich springen hinten auf den Jeep, wir fahren los, nur diese beiden Jeeps durch die brodelnde Stadt, von der plötzlich alle Angst gewichen scheint, vorbei an der geplünderten amerikanischen Botschaft zu einem Nebengebäude des Radiosenders in der Nguyen-Binh-Khiem-Straße.

Wir gehen in den ersten Stock des Gebäudes, in ein kleines Studio. Techniker reißen das Porträt Thieus von der Wand, werfen es durch das Fenster in den Hof.

Hier sitzen wir, ratlos für den Augenblick. Mau fächelt sich mit einer Broschüre Erfrischung ins Gesicht, Minh und Tung sitzen in zwei Sesseln, ich zwischen ihnen auf einem kleinen Ablagetisch. Während Tung auf einem grünen Bogen Papier die Kapitulationsrede Minhs entwirft.

Vu Van Mau ist zufrieden – er strahlt geradezu, so als sei es sein ganz persönlicher Sieg. Der Mitbegründer und Sprecher der dritten Kraft, der mir noch vor einer Woche die Notwendigkeit seiner Neutralistengruppe für jede zukünftige Politik in Südvietnam erklärt hatte, redet jetzt von Chancen der dritten Kraft, nach der Kapitulation, nachdem sich die Lage so verändert hat. Der Berufspolitiker ist noch nicht einmal verlegen, als er strahlend erklärt: «Es gibt keine erste Kraft mehr, also brauchen wir auch keine dritte mehr. Die nationale Aussöhnung hat schneller stattgefunden, als wir vorhersehen konnten. Jetzt arbeiten wir alle gemeinsam für unser Volk, ohne Unterschied.» Ohne Unterschied der Meinungen? «Doch, es gibt verschiedene Meinungen, aber sie sind nur verschieden in bezug auf den Weg, den wir zum gemeinsamen Ziel gehen wollen.»

Kommissar Tung tut sich schwer beim Schreiben: das verschlossene Gesicht bleibt regungslos, als er hin und wieder ein Wort ausstreicht, ein anderes einfügt. Ist es denn möglich? Da kämpfen diese Männer seit dreißig Jahren für dieselbe Sache, kämpfen sich in einem Siegeszug ohnegleichen buchstäblich bis zum Palast – und haben die Worte nicht vorbereitet, das Diktat nicht formuliert.

Unterdessen ist man freundlicher miteinander geworden, hat sich die Spannung der ersten Stunde gelegt. Kommandeur Pham Xuang The, der Minh im Palast festgenommen hatte, hält die Pistole zwar noch immer in der Hand – vermutlich um sich dran festzuhalten. Er strahlt jetzt und wiederholt immer wieder, an Minh gewandt: «Bruder Minh, du brauchst keine Angst zu haben. Wir kämpfen nur für unser Volk, wir kämpfen nur gegen unsere Feinde, rede jetzt im Radio, damit kein weiteres Blut mehr vergossen wird. Jetzt sind wir hier, und niemand hat dir etwas getan, niemand wird dir etwas tun.»

Minh schweigt. Neugierig starren ihn die kleinen grünen Männer unter ihren Tropenhelmen an, bilden einen Kreis, während querab an der Treppe immer noch mit Übungsmunition geschossen wird, die Sieger aufgeregt und überwältigt in euphorischer Freude wie Kinder durcheinanderlaufen.

Schließlich spricht Minh, der Mann, der 1963 Dhiem stürzte und durch die rechtzeitige Kapitulation Saigon vor der Zerstörung rettete, stellt seinem Bewacher eine Frage: «Wie geht es meinem Bruder, wann kann ich ihn sehen?»

Vietnamesisches Schicksal: Der Bruder des Präsidenten ist General in der nordvietnamesischen Armee, seit zwanzig Jahren haben die Brüder in den feindlichen Armeen ihres Volkes gegeneinander gekämpft.

Kommandant Thé schweigt. Alle schweigen plötzlich und in die unvermittelte Stille fallen die englischen Worte meines Freundes Dinh wie der überlaute Kommentar eines Wochenschau-Korrespondenten: «Der Verlierer will sich versöhnen.»

Einige der Soldaten reden mich in russisch an – sie sehen mein Schild an der Brust «Deutsche Presse» und denken natürlich, schon alleine, weil ich dabeisein darf, daß ich aus der DDR komme. Sie wollen mit mir über Marx reden – mein Freund Ha-Huy-Dinh erklärt die Situation, die Gesichter verschließen sich wieder, werden skeptischer, nicht unfreundlich, aber reservierter.

Und dann ist es soweit: keiner der Anwesenden weiß mit dem Tonbandgerät umzugehen. Kommissar Tung macht mit unmißverständlichen Gesten klar, was ich zu tun habe: Minh soll die Rede zur Probe auf mein Band sprechen. Die Prozedur wiederholt sich dreimal: beim erstenmal stockt Minh, weil er am Anfang lesen soll: «Ich, Duong Van Minh, Präsident der Saigoner Regierung...» er möchte lieber sagen: «Ich, General Duong Van Minh, befehle den Streitkräften, ihre Waffen niederzulegen...» Hin und her – ein Kompromiß, unbefriedigend für Minh, wird ausgehandelt: «Ich, General Duong Van Minh, Präsident der

Saigoner Regierung ...»

Aber Minh kann die Handschrift des Kommissars nicht gut lesen, verhaspelt sich mehrmals, Kommando zurück, noch mal von vorne.

Schließlich hat es geklappt, hat Minh in der richtigen, forcierten Betonung geendet: «... Mìenmam! Vietnam!» (ganz Vietnam! Südvietnam!)

Auch die Reden von Mau und dem Kommissar zeichne ich auf – dann gehen wir alle gemeinsam in ein kleines Nebengebäude, ins Tonstudio: Ich setze mich vor das Mikrophon und spiele das Tonband mit den drei Ansprachen ab, Minh sitzt links von mir, der Kommissar, Mau und Kommandant Pham Xuang The stehen dahinter. Zeichen durch das Glasfenster – noch einmal, dichter ans Mikrophon, weniger laut. Es ist geschafft, der Kommissar bedankt sich, sagt etwas, ich verstehe ihn nicht, Ha-Huy-Dinh übersetzt: Zur Belohnung darf ich den Kommissar im Jeep als Fahrer zurück zum Präsidentenpalast kutschieren. Wir gehen auf die Straße, ich setze mich ans Steuer, der Kommissar daneben.

Doch ich habe Pech: es gelingt mir nicht, das Fahrzeug zu starten, wie macht man das bei einem Jeep? Der Fahrer des Kommissars, ohnehin nicht erbaut von meiner neuen Funktion, weigert sich schlicht, den Mechanismus des Anlassers zu erklären. Mittlerweile hat der Kommissar die Geduld verloren. Wir steigen in ein anderes Fahrzeug, ich bin wieder Passagier.

Zurück durch die Straßen von Saigon, in denen jetzt gegen 14.00 Uhr schon überall Truppen der Befreiungsfront an den Kreuzungen stehen. Die Straßen sind voll, wir fahren ohne Begleitschutz: Saigon, ab jetzt Ho-Tschi-Minh-Stadt, ist ohne größere Gegenwehr fest in der Hand der PRG. Ich sehe einen einzigen toten südvietnamesischen Soldaten an einer Straßenecke: Ein Pedicabfahrer lädt ihn vorne auf das Fußbrett seines Riksha und fährt mit ihm los – der Kopf und die Beine schlagen zu beiden Seiten auf den Asphalt der Straße – Schutt wird weggeräumt, es ist ein entsetzlicher Anblick.

Am Palast muß ich aussteigen. Minh übergibt in den folgenden zwei Tagen mit seinem Kabinett im Palast die Geschäfte, dann wird er freigelassen, geht in sein Haus, zu seinem Orchideengarten zurück.

Ob der Sieger die Versöhnung will, sofort und ohne Rache? Könnte er denn, selbst wenn er wollte?

Die ersten Tage nach der Befreiung sagen nicht viel dazu. Zwar sind die Straßen voller Menschen, es wird gelächelt und gejubelt, zwar werden die «Bo Doi», die Dschungel-Soldaten, überall wie Befreier begrüßt, bewegen sie sich schon nach wenigen Stunden ohne Waffen wie Touristen über den Markt – doch trügt nicht dieses Bild der Eintracht? Unter den Jublern erkenne ich Gesichter, die ich vor der Botschaft gesehen habe, Menschen, die im letzten Augenblick den Hubschrauber nach Amerika verpaßt haben, Zurückgelassene, deren Angst vielleicht wieder hinter jener Maske verborgen ist, die sie in den letzten Tagen Saigons abgestreift hatten: alles nur Schminke? Außerdem: Sind nicht alle einfach darüber erleichtert, daß der Krieg endlich zu Ende ist, die sinnlose Schlachterei nach dreißig Jahren aufgehört hat, jetzt keine Familien mehr auseinandergerissen und keine Menschen mehr verstümmelt werden. Es ist nicht leicht, hinter der jubelnden Fassade überzeugte Freude von verborgener Angst zu unterscheiden.

Ja, das Leben normalisiert sich beinahe übergangslos, von Fremdenhaß keine Spur, selbst die wenigen Amerikaner, die geblieben sind, werden freundlich behandelt. Alle reden von Versöhnung. In den Straßen vollzieht sie sich so demonstrativ, daß meine Skepsis wächst – die Jugendlichen, die da den Soldaten umarmen und sich mit ihm fotografieren lassen – noch vor wenigen Wochen gingen sie mit einer amerikanischen M 16 auf dem Lam-Son-Platz während der Ausgangssperre nächtliche Streife, wollte der eine von mir Dollars für einen Flugschein nach Amerika.

Auf meiner Suche nach Hinweisen für die nähere Zukunft, die auf Richtung und Charakter der bevorstehenden Umerziehungskampagne, der «Ent-Thieu-Fizierung», schließen lassen könnten, hilft mir mein Freund Ha-Huy-Dinh: Er hat mich zu einer Hochzeit eingeladen. Er verrät nicht viel darüber, nur dies: «Dann wirst du mir endlich glauben.» Seit einer Woche gehe ich ihm nun schon mit meinen bohrenden Fragen nach Beispielen für den Versöhnungswillen der Sieger auf die Nerven. Dinh sieht sehr zufrieden aus, als er sich am Abend vor der Hochzeit von mir verabschiedet.

Am nächsten Morgen, dem 9. Mai, holt er mich in einem kleinen Auto ab, wir fahren vorbei an der geplünderten US-Botschaft, vorbei an der ebenfalls evakuierten Briten-Vertretung, in der sich unterdessen die «Bo Doi» eingerichtet haben. Ihre olivgrüne Unterwäsche liegt zum Trocknen auf dem einstmals geheiligten englischen Rasen und in den Fenstern des prunkvollen Gebäudes. Im vornehmen Villenviertel, wenige hundert Meter weiter, in der Nguynen-Van-Giai-Straße 63, halten wir an.

Hinter dem Gartentor, unter Palmen, im Schatten des prachtvollen Dachs einer alten Familien-Pagode: Die Montecis und die Capuletis an einem Tisch . . . und Romeo und Julia feiern mit. Die Familien, die da ihre Kinder verheiraten – das ist Vietnam, das ist die Geschichte dieses Volkes seit fünfzig Jahren; gegensätzlicher, schmerzlicher und doch auch versöhnlicher ließe sie sich nicht erfinden.

Die einen kommen aus Hanoi, die anderen aus Saigon. Das Oberhaupt der Hanoier, Vu Cong An, ist General in der Nordarmee und hat in offizieller Mission Kuba und die DDR bereist. Nguyen Mahn Dao, Chef des Saigoner Clans, war Minister schon unter Diem, enger Vertrauter Thieus bis zur letzten Sekunde, stellvertretender Senatspräsident und als Sendbote seines Herrn mehrmals in den USA und in der Bundesrepublik auf Reisen. Die Mutter des nordvietnamesischen Generals wurde von

Ho-Tschi-Minh persönlich mit der höchsten Zivilmedaille des Landes ausgezeichnet, weil alle ihre Kinder aktiv am Kampf für das revolutionäre Vietnam schon vor 1950 teilgenommen hatten. Geschwister, Kinder und andere Verwandte des Saigoner Senators waren zur gleichen Zeit nicht weniger tüchtig und aktiv: keiner, der es nicht zu militärischem Rang oder zivilem Ansehen, jedenfalls aber zu Geld gebracht hat.

Hier sitzen sie nun – obschon sie anders können. Ihre Kinder kennen sich erst seit zwei Wochen und dennoch heiraten sie. Dinh gibt zu, daß bei dieser Heirat ein bißchen manipuliert wurde: Es ist die erste Heirat und die einzige in Ho-Tschi-Minh-Stadt seit der Befreiung. Sicher, die Kinder wollten es so, aber daß da die Regierung und auch die Familien so widerspruchslos mitmachen?

Gleich der erste Trinkspruch endet mit einer Panne: Senator Bao bietet dem jungen Paar seine Dienste als Zukunftsdeuter an – und wird von General An in der erwartungsvollen Stille scharf angefahren: «Erinnere uns nicht an den Inhalt deiner Horoskope – und damit an deine Vergangenheit.» Bao, so flüstert mir mein Freund Dinh verlegen zu, war einer der Männer, bei denen sich Thieu vor wichtigen Entscheidungen sein Horoskop bestellte.

Nur wenig später, als sich Bao vom ersten Schock kaum erholt hat, antwortet er auf einen scheinbar eher faden Witz des Generals mit den Worten: «Ich schüttele dazu nur den Kopf» – die prompte Antwort des Generals: «Zu etwas anderem wirst du deinen Kopf auch nicht mehr benötigen – sei froh, daß du ihn wenigstens noch zum Schütteln hast.»

Starke Worte, die aber an diesem Tag die einzigen Zwischenfälle bleiben. Der General hält eine Rede, in der er nur ein einziges Mal auf die Fehler Bezug nimmt, die die Saigoner Familie gemacht hat. Fünfzehnmal redet er von Versöhnung, elfmal von Vergebung und einundzwanzigmal von der Zukunft. Danach zieht er die Jacke aus und küßt den verdutzten Senator rechts und links auf die Wangen.

So ganz sicher ist man noch nicht auf den Beinen bei den ersten Gehversuchen in die gemeinsame Zukunft – und doch: sie hat schon begonnen.

8. April 1975

KZ-Insel Phu Quoc: Besuch des deutschen Botschafters Dr. Heinz Dröge mit Journalisten. Was die offizielle Delegation nicht zu sehen bekommt: Südvietnamesische Soldaten werden von eigenen Kameraden geschlagen, gefoltert und später erschossen.

27. April 1975

5 Uhr morgens: Erste Raketenangriffe des Vietcong auf Saigon

30. April 1975 – 12 Uhr

Die ersten Panzer durchbrechen das Gitter und fahren auf den Rasen vor dem Präsidentenpalast

30. April 1975 – 12.05 Uhr

Präsident Duong Van Minh, seit 2 Tagen im Amt, wird verhaftet. Rechts neben ihm Premierminister Vu Van Mau

30. April 1975 – 12.10 Uhr

Die erste Flagge der Provisorischen Revolutionsregierung auf der Tu-Do-Straße von Saigon

30. April – 13.30 Uhr

Kapitulationsansprache in der Radiostation von Saigon. Neben Duong Van Minh Gallasch mit Tonbandgerät

30. April 1975 – 15.00 Uhr

Überall erscheinen am Nachmittag nordvietnamesische Verbände in den Straßen Saigons

Das sind sie, die Bo Dois (Volkssoldaten) der Befreiungsfront

1. Mai 1975

Am Gitter des Präsidentenpalastes: gelöst, glücklich, stolz – der Sieger

2. Mai 1975

Von flüchtenden Saigon-Soldaten weggeworfene Waffen werden zusammengetragen

2. Mai 1975 – 13.00 Uhr

Ankunft des ersten Hubschraubers aus Hanoi

Der Flughafen Tan Son Nhut bei Kriegsende: ausgebrannte Maschinen, zerstörte Hangars

3. Mai 1975

Der Stern der Befreiungsfront auf dem Kriegerdenkmal für die Amerikaner am Lam-Son-Platz vor dem Parlamentsgebäude

Die erste Mai-Parade in der Geschichte Südvietnams. Im Garten des Präsidentenpalastes üben prominente Schauspieler und Regisseure des Thieu-Regimes Anpassung

15. Mai 1975

Siegesparade in Ho-Tschi-Minh-Stadt: Auf der Ehrentribüne der Chef des Zentralkomitees der Befreiungsfront, Nguyen Huu Tho, und Le Duc Tho, Chefunterhändler Nordvietnams bei den Pariser Friedensgesprächen

Sowjetische T-54-Panzer der Befreiungsfront

Februar 1968
Vietnam – ein Schock für die Amerikaner

Offensive der Vietcong ungebrochen
Westmoreland: Es kommt noch schlimmer
Die blutigen Kämpfe toben weiter / Kommunisten bilden «Revolutionsräte» in Saigon und Hue

(*Süddeutsche Zeitung* vom 2. Februar 1968)

Saigon (AP) – Mit ungebrochener Kraft tobten auch den ganzen Donnerstag über in zahlreichen Städten Südvietnams und in Saigon die Kämpfe zwischen kommunistischen Verbänden und den verbündeten Truppen. In der Hauptstadt Saigon wurde festgestellt, daß die Mehrzahl der eingedrungenen Kommunisten aus regulären nordvietnamesischen Einheiten stammt. Tausende von Zivilisten sind bisher dieser großen Offensive zum Opfer gefallen, die nach den Worten des amerikanischen Oberbefehlshabers, General Westmoreland, erst das Vorspiel bilden dürfte für eine noch größere Angriffsaktion. Die Revolutionäre hielten am Donnerstag einige der wichtigsten strategischen Positionen und setzten sich in großen Teilen Südvietnams fest. In Saigon und Hue setzten sie «Revolutionsräte» ein. Der Erfolg der kommunistischen Offensive stellt einen Schock für die amerikanische Bevölkerung dar.

Auf seiten der amerikanischen und südvietnamesischen Streitkräfte haben die Kämpfe der letzten drei Tage nach offiziellen Angaben bereits 555 Tote – davon über 200 Amerikaner – und 1698 Verwundete gefordert. Die Verluste der Kommunisten wurden von amerikanischer Seite auf über 5800 Tote beziffert. General Westmoreland sagte, daß der Gegner jetzt eine «Maximal-Anstrengung» unternehme, die ihn teuer zu stehen kommen werde. Es werde Wochen oder Monate dauern, bis sich die Kommunisten nach diesen Kämpfen wieder erholt hätten. Im übrigen erklärte der General, daß man von der Offensive «nicht völlig überrascht» worden sei.

Nach Ansicht Westmorelands wird die Operation von Hanoi geleitet und ist bereits im September des vergangenen Jahres von der nordvietnamesischen Regierung ausgearbeitet worden. Der ersten politischen Phase der Forderungen nach einem amerikanischen Bombenstopp folge jetzt der zweite militärische Teil des Planes. In der dritten noch bevorstehenden Phase werde der Gegner alle Reserven mobilisieren. Der Angriff der Kommunisten werde sich dann auf die zwei nördlichen Provinzen Quang Tri und Thua Thien richten. Die beiden Hauptstädte dieser Provinzen waren schon am Donnerstag zum Teil in der Hand der Vietcong. Ihre gegenwärtige Operation können die Kommunisten nach Ansicht Westmorelands noch einige Tage durchhalten. Die Amerikaner seien jedoch in der Lage, die Angriffe zu stoppen . . .

Zur Schlacht um Saigon haben die Kommunisten nach amerikanischen Angaben vermutlich 20 bis 30 Bataillone von je 400 Mann bereitgestellt, von denen bisher fünf in die Stadt eindrangen. Die Alliierten warfen Verstärkungen und Panzer in die Stadt. Eigenen Meldungen zufolge hat die Nationale Befreiungsfront bereits einen «Revolutionsrat» eingesetzt.

Und siehe, die Vietcong waren Menschen
Von Tiziano Terzani*

Der Mann schluchzte. Er hielt einen Zettel in der Hand, der seinen Fahrschein in die Sicherheit oder einige Stunden später seinen sicheren Tod bedeuten konnte.

«Der Inhaber dieses Scheines ist ein treuer Diener in meinem Hause gewesen. Er glaubt an die Werte der freien Welt, und wenn er in die Hände der Kommunisten fallen sollte, wird sein Leben sicher in Gefahr sein. Bitte, geben Sie ihm alle erdenkliche Hilfe.»

Der Brief war von einem amerikanischen Geschäftsmann unterschrieben, der eine Woche zuvor Saigon verlassen und seinem Koch mit diesem Schreiben für die US-Botschaft einen guten Dienst erweisen wollte.

Der arme Mann konnte seinen Freibrief nicht mehr abliefern. Es war der Morgen des 30. Der letzte amerikanische Hubschrauber hatte vom Dach des weißgewaschenen Gebäudes der Botschaft abgehoben, an Bord die letzten Marinesoldaten, die sich Richtung «Elipad» in Kampfaufstellung zurückgezogen hatten: mit ihren aufgesetzten Bajonetten hatten sie eine panische Menge erschrockener Vietnamesen zurückgedrängt. Rauch drang aus den Fenstern, und Plünderer waren bereits im zweiten Stock dabei, Teppiche herauszureißen, Möbel zu zertrümmern und alles nicht niet- und nagelfeste mit fortzuschleppen, das sie aus dem großen Büro des Botschafters Martin heraustragen konnten.

«Töten Sie mich! Töten Sie mich!» wimmerte der Koch ohne Unterlaß, und seine zitternde Hand bewegte sich hoch zu seiner Kehle, als wäre sie sein Messer.

Er war gegen Abend zum Hotel gekommen und glaubte nicht, daß ich kein Amerikaner war. Er wollte mich überhaupt nicht mehr verlassen.

Tausende anderer Vietnamesen waren wie er in dem Glauben, daß all ihre Hoffnungen nun zerronnen waren und daß ihr Leben bald in einem Blutbad enden würde. Das hatten ihnen die Amerikaner monatelang vorausgesagt. Und mit entseelter Computer-Manier hatten sie Schätzungen der Größe X verkündet, wie viele Menschen im Falle einer kommunistischen Machtübernahme in Saigon massakriert würden.

Nicht nur Polizisten, Offiziere, Armeesoldaten, die gegen die Kommunisten gekämpft hatten, fürchteten die Rache, selbst Angestellte, Sekretärinnen der amerikanischen Dienststellen, Prostituierte, Barmädchen, die von amerikanischen Dollars gelebt hatten; Chauffeure und Dienstboten amerikanischer Familien – jedermann, der in irgendeiner Weise einem Amerikaner nahegewesen war, fühlte sich jetzt gebrandmarkt. Als

* Tiziano Terzani schreibt für «L'Espresso».

Thieus Abschied deutlich machte, daß das Vietnam, wie es einst war, nicht mehr bestand, und als die US-Luftwaffe mit dem Evakuierungsprogramm begann, verkauften jene Leute ihre gesamte Habe, um sich einen Sitzplatz im «Freiheitsvogel» zu kaufen, der nach Guam flog.

«Jeder amerikanische Bürger darf bis zu zehn Vietnamesen mitnehmen», verlautete gerüchtweise. Und schon ging die Versteigerung los. Die Bordkarten, die die US-Botschaft ausgegeben hatte, schnellten bis zu tausend Dollar pro Stück im Preis nach oben. Die 25. Karte erreichte bereits dreitausend.

Die letzten Amerikaner, die kleinen Kaufleute mittleren Alters, die so typisch waren für die Saigoner Barszene mit ihren violetten Hosen, Blumenhemden und weißen Schuhen und Gürteln, ihren vom Saigoner Tee aufgeschwollenen Gesichtern – sie machten ein Vermögen, indem sie jene Tickets an Prostituierte, an Barmädchen oder Mitglieder reicher Familien verkauften, die keinen anderen Weg nach draußen sahen.

Viele dieser Leute kamen nie heraus, weil sie, nachdem sie das Geld gescheffelt hatten, keine Spur mehr von den Amerikanern sahen. Andere nahmen tatsächlich Leute mit sich, und ein Amerikaner wurde in der US-Botschaft noch verhaftet, als er versuchte, noch mehr Bordkarten für «seine Familie» zu erhalten. Er war auf seiner dritten Reise nach Guam (und zurück) mit vietnamesischen Gruppen, die ihm pro Kopf zweitausend Dollar gezahlt hatten.

Ein anderer Amerikaner kassierte 6000 Dollar vom Eigentümer eines Sportartikelladens, damit er ihn auf eine besondere Liste von CIA-Informanten setzte, die er zusammenstellen sollte. Der Mann hatte eigentlich nur Tennisschläger an GIs verkauft; aber im letzten Augenblick kam er aus Vietnam mit einem Sack voll Dollars und Gold heraus. Ein Wagen fuhr an seinem Hause vor – und von dort zu einem anderen geheimen Ort, wo echte Geheimdienstler von einem Hubschrauber mitgenommen wurden.

Schon seit langem hatten sich die Amerikaner einen Notplan zur Evakuierung gemacht, aber ihr Zeitplan wurde durch den kommunistischen Vormarsch abrupt gestört. Sie waren der Meinung, sie könnten bis zum 13. Mai noch Leute ausfliegen; aber am 30. April schon war alles vorbei, zurück blieben ein Haufen ihrer wichtigsten Leute, deren Zukunft – wenn nicht Leben – wirklich in Gefahr war.

Im Haus Nr. sieben in der Hong-Thap-Tu-Straße beispielsweise hatte der CIA jahrelang einen Geheimsender betrieben, der so tat, als sei er ein Sprachrohr des Vietcong, und falsche Informationen verbreitete, so etwa den Tod Giaps im Jahre 1972 und erst kürzlich die Geschichte vom Staatsstreich in Hanoi und von der chinesischen Intervention im Norden. Vom Personal dieses CIA-Zentrums haben nur einige wenige Sekretärinnen mit den Amerikanern zusammen die Zelte abgebrochen, denn die wichtigen Agenten, die bis zur letzten Minute den Betrieb der Station zu garantieren haben, konnten es zu den Abflugstellen nicht mehr schaffen.

Als die verschlüsselte Meldung «Mutter möchte euch heimholen», auf die eine ausgewählte Gruppe von Vietnamesen und Ausländern gewartet hatte, am 29. April mittags endlich über die Frequenz des US-Militärsenders kam, waren die Dächer, auf denen sich die Leute zum Ablift per Hubschrauber einfinden sollten, bereits mit Hunderten anderer Vietnamesen bevölkert, die schon längst von dem Geheimplan gewußt hatten. Am Gebäude der Alliance Française hatten sie pro Person einen Dollar Durchgangsgeld an den Portier (Doorman) zu zahlen, ehe sie die Treppe nach oben steigen durften. Von der Terrasse des Hotels Caravelle aus konnte man gegen den Lichtschein der Explosionen bei Tan Son Nhut und das rote Blinklicht der «choppers» (to chop: plötzlich umschlagen), die schwarzen Umrisse der Leute wahrnehmen, wie sie an Bord sprangen.

Die Nacht zwischen dem 29. und dem 30. April war furchterregend. Flüchten. Flüchten wo und wie. Tausende und aber Tausende von Menschen in einem stummen Saigon waren gleichzeitig von demselben Gedanken besessen. Jahrelang hatte diese Stadt gelernt, unter verschiedenen Herren zu leben. In vieler Hinsicht eine Prostituiertenstadt, die die Stiefel ihrer Besatzungssoldaten gewichst, ihre Frauen an die Armeen verkauft hatte. Eine Stadt, die den Krieg tatsächlich niemals direkt kennengelernt hatte, von dem sie gelebt hatte und dessen Leiden nie direkt über sie gekommen war – diese Stadt sah sich am Ende. Das Ende einer Lebensart, einer Überlebensart.

Jahrelang hatte die amerikanische Propaganda das Bild eines terrorisierenden entmenschlichten «Feindes» verbreitet. Poster mit Darstellungen des Schreckens aus dem Leben unter dem Kommunismus waren überall in der Stadt aufgehängt, und jetzt waren jene Kommunisten, jene gesichtslosen Vietcong, an der Schwelle Saigons. Die hiesigen Familien hatten genauso wie im übrigen Südvietnam Verwandte, Brüder, Väter usw. auf der anderen Seite des 17. Breitengrades oder in den befreiten Gebieten. Doch die Leute hatten vergessen oder taten wenigstens so, als hätten sie es vergessen, daß sie genauso Vietnamesen waren. Was auch immer in Nordvietnam seit 1954 geschehen war, war ein mit Furcht verdecktes Mysterium. Das andere Vietnam war eine weit abgelegene Welt, eine Mondlandschaft. Für die meisten Menschen in Saigon war der einzige Vietcong, von dem sie etwas erfahren hatten, derjenige, der ihnen von der psychologischen Kriegsabteilung der Thieu-Armee in Form toter aufgedunsener Körper an den Rändern der Landstraßen gezeigt wurde – oder der gemein aussehende «typische» Vietcong-Vertreter auf den riesigen Plakaten, die an jeder größeren Straße von den Wänden glotzte. Das waren häßliche Männer, die Kirchen und Pagoden niederbrannten und Zivilisten umbrachten ...

Alle Welt in Saigon sprach von dem Bischof von Ban Ne Thuot, der angeblich vom Vietcong in drei Teile zerhackt wurde, nachdem das

Hochland befreit worden war. Damals wußte noch keiner, daß der Bischof schon wenige Tage darauf als Ganzes in die Stadt zurückgewandert kam.

«Hier wird es noch hundertmal schlimmer als in Hué bei der Tet-Offensive 1968», war der ständige Ausspruch der Leute. Nur wenige wußten, daß die Mehrheit der Opfer angeblicher kommunistischer Massaker in der alten Kaiserstadt Opfer schwerer amerikanischer Bombardements geworden waren, die der Vietcong dann begraben hatte – in Massengräbern zusammen mit den eigenen Gefallenen.

Nach Meinung der Leute gingen Exekutionskommandos durch die Stadt, um sich ihre Opfer auszusuchen. Und viele mochten zumindest immer einen Grund finden, aus dem sie ausgewählt zu werden fürchteten. Aus dem Norden geflüchtete Katholiken, die vor den Kommunisten 1954 geflohen waren, fürchteten, daß man sie bestenfalls zwingen würde, zu Fuß den Ho-Tschi-Minh-Pfad zurück nach Hanoi zu gehen.

Junge Mädchen waren in dem Glauben, man würde sie zur Heirat mit Kriegsinvaliden des Vietcong zwingen. Ein vietnamesischer Dolmetscher, der jedermann als Spitzel der Polizei über die Aktivitäten der ausländischen Journalisten bekannt war, war sicher, daß er eine kommunistische Machtübernahme der Stadt nicht überleben würde. Am Morgen des 29. (April) wechselte er all seine Ersparnisse – etwa 1,2 Millionen Piaster – in zweihundert Dollar um und wies ein Schreiben vor, das der ehemalige Vizepräsident Hubert Humphrey unterzeichnet hatte; auf diese Weise konnte er die Wachen der Marinesoldaten an der US-Botschaft passieren und einen Hubschrauber besteigen.

Viele machten es ebenso: sie drückten einfach eine Hand von Dollarnoten in die Hände der sogenannten unbestechlichen Ledernacken. Die amerikanische Propagandatheorie des Blutbads hatte starke Spuren hinterlassen, selbst im Kreise der ausländischen Journalisten. Einige meinten, die einfache Tatsache der weißen Hautfarbe würde genügen, uns in Schwierigkeiten zu bringen. Einige hatten allerdings mehr Grund, um ihr Schicksal zu fürchten. Als ich versuchte, einem britischen Kollegen zu erklären, daß ich bleiben würde, weil ich die Gründe der amerikanischen Intervention nicht geteilt hatte und deshalb nicht die Befürchtungen und die Fluchtgedanken teilen konnte, sah er mich überrascht an und fragte mich: «Haben Sie denn niemals für die Amerikaner gearbeitet? Haben Sie denn niemals Nachrichten an sie weitergegeben?»

Als die Morgendämmerung des 30. (April) über Saigon hereinbrach, war die Stadt wie von Panik erfaßt. Gewaltige schwarze Wolken zogen langsam über das Häusermeer, das sich bis zur Küste hinunterzog. Es war, als hätte eine fürchterliche Pest die drei Millionen Einwohner hinweggefegt. Große Ratten krochen über die Müllhaufen am Straßenrand. Nur wenige Jeeps mit bewaffneten Soldaten, deren Gewehre auf verschlossene Häuser zeigten, fuhren durch die leeren Boulevards. Dazwischen immer wieder zivile Vietnamesen, die in Furcht vor den nächsten Stunden verharrten, Hunderte von eingedrungenen Vietcong-Spähtrupps und politischen Kadern, die seit dem 27. April in die Stadt geschlüpft waren, um im Falle der verweigerten Kapitulation in Aktion zu treten.

Die dahinschleichenden Stunden nahmen den Leuten den letzten Mut. In diesen gespenstischen Stunden, in denen einige von den Amerikanern verlassenen Soldaten herumstreunten und in den Straßen plünderten, verübten einige Leute Selbstmord. Ich sah mit an, wie ein zur Bewachung der Nationalversammlung zurückgelassener Polizist die Stufen hinabstieg, als er die Kapitulationsansprache General Minhs gehört hatte, sich vor dem gewaltigen dunklen Denkmal, das Thieu dem «unbekannten Soldaten» gewidmet hatte, in Habachtstellung begab und sich dann eine Kugel in den Kopf schoß. Ein auf einer Honda herankommender Soldat nahm dem Toten die Pistole ab, ein anderer riß ihm die Uhr ab.

Kurz darauf erschien ein Jeep mit einer riesigen rot/blauen Fahne und dem gelben Stern der Befreiungsfront in der Tu-Do-Straße. Wenige Stunden danach standen über seiner Blutlache junge Guerillakämpfer, die jetzt niemand mehr Vietcong nannte, in ihrer Dschungeluniform inmitten einer neugierig aufgeregten freundlichen Menschenmenge, die sie betätschelte und ihnen Fragen stellte. Sie waren aus fünf verschiedenen Richtungen gekommen und waren dem Panzerkommando gefolgt, das den Präsidentenpalast eingenommen hatte. Zumeist waren sie zu Fuß gekommen, in langen «indischen» (Gänse-?)märschen mit Raketenabschußrampen und Mörsern auf den Schultern, ihren Gemüsereserven und Kochgeschirren an der Hand. Nach dem ersten Augenblick ungläubiger Überraschung überkam die Volksmenge eine freudige Begeisterung, mit der sie auf der Straße die Ankömmlinge begrüßte.

In der Nacht hatten Soldaten der Befreiungsarmee ihre Wäsche zum Trocknen auf die Zäune des ehemaligen Thieu-Palastes gehängt. Panzer, mit rotem Staub bedeckt und mit Luftabwehrgeschützen bestückt, verschnauften – noch mit grünen Zweigen getarnt, unter den Bäumen des Platzes vor der katholischen Kathedrale. Tausende schweißgebadeter junger «Vietcong» kampierten im Stadtzentrum, wo sie sich Reis- und Gemüsesuppen auf improvisierten Freudenfeuern kochten, ganz so, als wären sie noch mitten im Dschungel.

Der erste von ihnen, den ich erblickte, befand sich unmittelbar hinter dem Jeep mit der Frontflagge, der die Tu-Do-Straße entlanggekommen war. Ich lief hinüber Richtung Präsidentenpalast, als am Kreuzungspunkt Gia-Long zwei Molotow-Laster mit schwerem MG und einer ganzen Ladung grün uniformierter Soldaten mit Grubenhelmen meinen Weg versperrten. Ich weiß nicht mehr genau, was ich tat, aber vermutlich habe ich gewunken, und sie haben zurückgewunken. Ich erinnere mich an eine Reihe lächelnder erstaunter Gesichter, die mich anguckten.

Ich sprang auf den zweiten Laster, irgend jemand schüttelte mir die Hand und gab ein Zeichen, daß ich den Kopf einziehen sollte. Es waren alles sehr junge Leute mit weißen Schildchen auf ihren Helmen, auf denen das Tagesmotto stand: «Iß die Hälfte, arbeite das Doppelte, um den Ho-Tschi-Minh-Feldzug zu erfüllen!»

Bei der Ankunft vor dem Verteidigungsministerium sprangen die Soldaten von den Lastern und ich mit ihnen. In der Mitte des Hofs stand ein ARVN-Oberst an einer Fahnenstange und zeigte mit einer Pistole in der rechten Hand auf seinen Kopf. Ehe er sich umbringen konnte, hatten ihm die Guerilleros im letzten Augenblick die Waffe entrissen. Es fiel kein einziger Schuß. Ich sah, wie die Pistole durch die Luft geschleudert wurde. Die Soldaten der Befreiungsfront hielten ihn fest, während die rot/blaue Fahne mit dem Goldstern in der Mitte über dem Gebäude aufgezogen wurde.

Unmittelbar vor der Kathedrale war der Jeep eines Kommandos von Thieu-Polizisten gegen einen Baum gedonnert. Die Insassen hatten ihre Waffen gestreckt. An der Funkantenne hatten sie zum Zeichen ihrer Kapitulation ein weißes Hemd befestigt. Nervös rauchend warteten sie darauf, verhaftet oder erschossen zu werden.

Doch niemand beachtete sie. Die Befreiungssoldaten kamen vorbei und lächelten. ARVN-Soldaten, die ihre Uniform weggeworfen hatten, liefen schlicht in Unterhosen herum. Sie winkten den Panzern zu. Am ersten und den darauffolgenden Tagen der Befreiung erfolgte keine einzige Exekution, und nichts wies auf eine Vergeltungsaktion hin. Schon am Tage der Befreiung bekamen Saigoner Familien Besuch von alten Bekannten, die sie z. T. jahrelang nicht gesehen hatten.

Eltern fanden ihre verlorenen Kinder wieder. Mein Freund Cao Giao fand bei der Heimkehr einen Zettel mit einer Adresse an seiner Haustür. Hier war er alt geworden, und nun fand er seinen jüngeren Bruder wieder, den er seit 1954 nicht mehr gesehen hatte.

Ein Schneider erzählte einige Tage darauf in Bien Hoa, beim Beobachten der «Vietcong», die vor seinem Schaufenster vorbeigingen, erkannte er plötzlich seinen Onkel.

In einer Bar in Long Binh traf ich einen ARVN-Soldaten, der eine Ho-Tschi-Minh-Plakette auf seinem Hemd hatte. Sein Vater hatte sie ihm gegeben, der als Offizier der Befreiungsarmee gekommen war.

Eine ähnliche Geschichte hatte bald jede Familie zu erzählen. Auch der Koch jenes amerikanischen Geschäftsmannes, der am Morgen des 30. (April) noch so verzweifelt gewesen war, hatte sich einige Tage darauf, als ich ihn nach der Befreiung auf der Straße wiedertraf, völlig beruhigt. Er hatte einen Brief von seinem Bruder erhalten, der mit der Befreiungsarmee in Da Nang gewesen war.

In wenigen Stunden brach so eine Schranke des Unwissens und des Mißtrauens zusammen, die dreißig Jahre lang zwischen Nord- und Südvietnam errichtet worden war. Die bisher nichtssagenden «Vietcong» waren rasch zu Leuten geworden, die man kannte: der Sohn eines Nachbarn, der eigene Bruder – ein Vietnamese wie jeder andere auch. Und damit fiel auch die Bezeichnung «Vietcong» weg. Ausländische Journalisten sprachen von den Befreiungssoldaten jetzt als den «kleinen grünen Männern». Barmädchen mit ihrem Pidgin-Amerikanisch hatten von den GIs noch die Kurzbezeichnung «Ho Tschi Minh» gelernt. My Lin – ein Mädchen, das eine Diskothek mit zwei, drei Animiermädchen leitete und zu deren Schutz monatlich 1000 RS an einen Polizeioffizier gezahlt hatte – erzählte: «Ho Tschi Minh mag keine amerikanische Musik; Ho Tschi Minh mag keine Mädchen, sondern nur Nummer eins.» Nach der Befreiung waren einige Befreiungssoldaten in ihre Bar gekommen. Sie hatte ihnen Bier kostenlos angeboten. Am nächsten Tag erzählte My Lin: «Ho Tschi Minh ist zurückgekommen und hat mir 10 Kilo Reis mitgebracht.»

Der südvietnamesische Wortschatz war bald um eine neue Vokabel bereichert: «Bo Doi» (Volkssoldat). Bo Dois waren zu einem Teil der neuen Saigoner Szene geworden. Bo Dois in dschungelgrünen Uniformen, Marine-Bo-Dois in blau-weißen Matrosenanzügen vom Kreuzer Potemkin sah man überall in der Stadt spazierengehen – pärchenweise und händchenhaltend, in Busse verfrachtet und wie Touristen zu den Denkmälern geschleust, applaudierend in einem Theater, in dem ein Vietcong-Orchester Walzer von Strauß spielte.

Oder aber sie durchstreiften nach Indianerart die Straßen der Hauptstadt und versuchten, ehemalige Offiziere und Soldaten aufzuspüren, die sich dem Appell der neuen Regierung, sich registrieren zu lassen und die Waffen abzugeben, noch nicht unterworfen hatten.

Bo Dois drangen in verlassene Villen und Apartments von Leuten ein, die mit den Amerikanern geflohen waren. Bo Dois übernahmen das Continental-Hotel, in dem ich zwei Monate gewohnt hatte.

Im Bewußtsein der Menschen existierte der ehemals vom «Vietcong»-Gespenst ausgehende Terror nicht mehr. Von Bo Dois wurde man nicht terrorisiert; das waren einfache, naive und disziplinierte Jungen vom Lande. Saigoner Gauner verkauften ihnen Uhren mit «zwölf Leuchtziffern, zwei Deckgläsern und ohne ‹Pilot›» (Zeiger? Stellrad? Beleuchtung?) – womit sie eine Uhr meinten mit zwölf Stunden, Monats- und Wochentag und Automatic zu maßlos überhöhtem Preis.

Saigoner Straßenjungen liehen sich Fahrräder von den Bo Dois, nur um mal 'ne Runde zu drehen – und verschwanden damit auf Nimmerwiedersehen. Zurück ließen sie den Bo Doi, der sich Gedanken machte über die Bedeutung des Wortes «Dieb».

Eine neue Furcht überkam eine bestimmte Klasse der Saigoner Gesellschaft. Das hing mit dem Lebensstil der Bo Dois zusammen, eine beständige Mahnung an den neuen Lebensstil, den eine Stadt der Prostituierten wie Saigon erst noch zu lernen hatte.

Die Bo Dois waren das Symbol einer neuen Klasse, die durch die Revolution an die Macht gekommen waren. Es war fast eine neue Menschenrasse, die in dreißigjährigem Dschungelkampf fast auch physisch anders geworden war: mager, bleich, gedrungen, harte Burschen.

Saigon wurde allmählich dazu, was es schon immer hatte sein sollen: die Hauptstadt eines Bauernlandes. Die Farben, die Symbole, die Gewohnheiten und Sitten des alten Regimes und des alten Lebens verschwanden. Neue moralische Ansichten setzten sich durch die einfache allgegenwärtige Anwesenheit von Bo Dois durch.

«Saigon» verschwindet immer mehr; mit jedem Tag lernt die Stadt dazu, um zur «Ho-Tschi-Minh-Stadt» zu werden.

Übersetzung aus dem Englischen von Hubert Gaethe und Ingrid Reinke

Macht unsre Bücher billiger!...

... forderte Tucholsky einst, 1932, in einem «Avis an meinen Verleger». Die Forderung ist inzwischen eingelöst.

Man spart viel Geld beim Kauf von Taschenbüchern. Und wird das Eingesparte gut gespart, dann zahlt die Bank oder Sparkasse den weiteren Bucherwerb: Für die Jahreszinsen eines einzigen 100-Mark-Pfandbriefs kann man sich drei Taschenbücher kaufen.

Pfandbrief und Kommunalobligation

Meistgekaufte deutsche Wertpapiere - hoher Zinsertrag - schon ab 100 DM bei allen Banken und Sparkassen

Verbriefte Sicherheit

Im Volksgefängnis der Vietcong
Von Klaus Liedtke*

Als die Stunde Null kam, saß ich im Gefängnis. Keines mit Tigerkäfigen und Folterungen wie jene auf der Regierungsseite, sondern eines mit Guerillas als Aufseher und, falls von mir oder meinem Kollegen Hans Bollinger, der miteinsaß, gewünscht, mit politischem Nachhilfeunterricht – ein Volksgefängnis des Vietcong, 180 Kilometer nordöstlich von Saigon in der Hafenstadt Phan Thiet.

Unser Transistorradio hatte man uns bei der Verhaftung nicht abgenommen («Ihr könnt hören, was ihr wollt»), und als nun die Siegesmeldung über den Dschungelsender verlesen wurde, da stürzten die Sieger, die gestern noch Rebellen waren, in unser Zimmer, umringten das Gerät und jubelten. Sie umarmten sich, klopften uns übermütig auf den Rücken, rissen uns von den Stühlen, als wollten sie Freudentänze mit uns aufführen. «Wenn das der gute alte Ho noch erlebt hätte», meinte glücklich der Soldat Suu, der uns als Übersetzer zur Seite befohlen war, «wer hätte gedacht, daß alles so schnell geht.» Er hatte Tränen in den Augen und hielt uns stolz und fast verlegen eine Ansteckplakette mit Ho Tschi Minhs Abbild entgegen: «Wir haben Hos Kampfauftrag zu Ende geführt.»

Mit der historischen Kapitulationssendung, die über Lautsprecher in die ganze Stadt getragen wurde, wurden wir an allen nachfolgenden Tagen morgens geweckt und abends in den Schlaf geschickt, bis zu unserer Freilassung.

Noch vor dem Machtwechsel – dem «Fall» Saigons für die einen, der «Befreiung» Saigons für die anderen – hatten wir die Fronten gewechselt. Es war jene Zeit nach dem Rücktritt Thieus gewesen, in der es einen Moment lang so schien, als könne es noch Verhandlungen geben. Mit Thieus Abgang war eine der Vorbedingungen des Vietcong für eine politische Lösung des Kampfes erfüllt, auf den Schlachtfeldern gab es eine Atempause.

Die Hauptstadt war voller Gerüchte. CIA-Sender hatten einen Putsch in Hanoi gemeldet, drei nordvietnamesische Divisionen seien nach Norden zurückbeordert worden. Viele hielten einen Waffenstillstand für längst ausgemacht, andere glaubten – wie einst in Deutschland – an Wunderwaffen, die das Blatt fünf vor zwölf noch wenden könnten: Einige Tage zuvor hatte die südvietnamesische Luftwaffe begonnen, bei Xuang Loc amerikanische Depressionsbomben abzuwerfen, die bei der Explosion allen Sauerstoff aus der Luft ziehen und im Umkreis von

---

* Klaus Liedtke ist USA-Korrespondent des «Stern».

November 1969
Washington und Saigon prüfen Bericht über Massaker in Vietnam
(*Die Welt* vom 20. November 1969)

Saigon, 19. November (AP) Die amerikanische und die südvietnamesische Regierung untersuchen gegenwärtig ein Massaker, bei dem, wie berichtet, amerikanische Soldaten im März 1968 im Norden Südvietnams Hunderte von Dorfbewohnern grundlos erschossen haben sollen.

Ein Sprecher der südvietnamesischen Regierung bestätigte am Mittwoch in Saigon die Tatsache der Untersuchung und gab weiter bekannt, Staatspräsident Nguyen Van Thieu erwarte noch einen ausführlichen Bericht des Chefs der Provinz Quang Ngai. Nach Aussagen von Augenzeugen sind in den Küstensiedlungen Tu Cung und My Lai zwischen 370 und 567 Südvietnamesen – Männer, Frauen und Kinder – erschossen worden. Die US-Armee hat gegen den 26jährigen Oberleutnant William Calley ein Ermittlungsverfahren wegen Mordes eingeleitet; gegen den 29jährigen Feldwebel David Mitchell wird wegen tätlichen Angriffs mit Tötungsabsicht ermittelt.

Hohe amerikanische Beamte in Saigon stellten am Mittwoch dazu fest, die US-Regierung dulde «in keiner Weise, zu keinem Zeitpunkt und unter keinen Bedingungen Grausamkeiten». In der vom US-Botschafter in Saigon, Bunker, und vom amerikanischen Oberbefehlshaber in Südvietnam, General Abrams, veranlaßten Erklärung hieß es weiter: «Da diese Handlungen ein Militärgerichtsverfahren ergeben könnten, können weitere Informationen über diesen Fall nur vom Heeresministerium gegeben werden.»

Der Rechtsanwalt des Oberleutnants Calley, George Latimer, sagte in der Nacht zum Mittwoch in einem Fernsehinterview in San Antonio, er glaube nicht an den Wahrheitsgehalt der Berichte über das Gemetzel. Die US-Armee sei nicht berechtigt, einen Prozeß gegen seinen Mandanten anzustrengen. Die beiden Dörfer seien stark ausgebaute Vietcong-Stützpunkte gewesen. Wenn Oberleutnant Calley irgend jemanden getötet habe oder habe töten lassen, dann nur befehlsgemäß und in Erfüllung seines Auftrages.

Auch Hauptmann James Bowdish, der Feldwebel Mitchell vertritt, glaubt nicht, daß es zu einem Militärprozeß kommen wird. Er sagte in Fort Worth, die gegen seinen Mandanten erhobenen Beschuldigungen seien nur schwer zu beweisen.

Mehrere Südvietnamesen, die bei dem Massaker verwundet worden waren, haben inzwischen geschildert, wie die Einwohner der Ortschaften Tu Cung und My Lai von Amerikanern zusammengetrieben und mit MG-Salven und Gewehrschüssen niedergemetzelt worden seien, obwohl damals keine Gefechte in dem Gebiet stattgefunden hätten.

Der Chef der Provinz Quang Ngai, Oberst Ton That Khien, zweifelt jedoch an der Wahrheit der Berichte der überlebenden Dorfbewohner und glaubt vielmehr, daß «vielleicht 100 Menschen» durch Bomben und Artillerie südvietnamesischer und amerikanischer Verbände bei Kämpfen in diesem Gebiet ums Leben gekommen seien.

mehreren hundert Metern jedes Leben ersticken.

Thieus Nachfolger, der altersschwache Huong, hielt Durchhaltereden, und Luftmarschall Ky, der einstige Premier des Landes, der jetzt insgeheim hoffte, sich zum Chef der Streitkräfte aufschwingen zu können, sagte mir, er wolle Saigon notfalls in ein vietnamesisches Stalingrad verwandeln: Er würde alle Frauen und Kinder aus Saigon evakuieren und auf die Insel Phu Quoc bringen lassen und dann die Stadt bis zum letzten Mann verteidigen. Tags zuvor habe er sich von 300 Armeeoffizieren Treue bis zum Tod schwören lassen.

So unsinnig dieses Gerede angesichts einer Übermacht von 23 nordvietnamesischen und Vietcong-Divisionen vor Saigon auch war – die Eroberung der Hauptstadt schien um Tage, vielleicht sogar Wochen, aufgeschoben. Wir beschlossen, die Zeit zu nutzen und jenen Gruselgeschichten nachzugehen, daß die Rebellen auf ihrem Vormarsch die Kinder südvietnamesischer Mütter und amerikanischer Väter abschlachten, daß sie in den Städten Menschen zu Massenexekutionen zusammentreiben, daß sie katholische Nonnen vergewaltigen und buddhistische Mönche zu Tode foltern. Dazu mußten wir nach Norden, ins eroberte Gebiet. Das hieß: drei Stunden Taxifahrt zur Hafenstadt Vungtau, einen Fischer finden und die Front auf dem Seeweg umgehen.

Die Straße von Saigon nach Vungtau war schon umkämpft, aber noch passierbar. In den Flüchtlingslagern am Straßenrand ergaben sich Hunderttausende ihrem Schicksal. Sie rannten nicht mehr voll Panik vor den Bomben der Regierungsluftwaffe und den Granaten der Vietcong-Artillerie davon, wie im März, bei dem großen Exodus aus dem Norden. Denn die Front hatte sie immer wieder eingeholt, und wohin sollten sie jetzt noch flüchten? Hier war Endstation.

Für 400 000 Piaster, für gut 1200 Mark, kauften wir im Hafen von Vungtau einem Fischer die Angst vor dem Vietcong ab. «VC number ten», hatte er so lange gesagt, bis der Preis richtig war. «Nummer zehn» steht im Landserenglisch der Vietnamesen für schlecht, «Nummer eins» für gut. Dazwischen gibt es nichts.

Unsere Seefahrt zwischen den Fronten verlief glatt. An der Küste, dort, wo gekämpft wurde, stiegen Rauchpilze in den Himmel, seewärts, jenseits der Drei-Meilen-Zone, lagen die Flugzeugträger der siebten amerikanischen Flotte vor Anker. Kein südvietnamesisches Patrouille-Boot stoppte uns – «Die sind wohl zu sehr mit der Vorbereitung der eigenen Flucht beschäftigt», meinte der Fischer –, und als wir so weit nördlich waren, daß wir Vietcong-Gebiet erreicht hatten, und plötzlich Boote mit der Vietcong-Flagge auftauchten, da hielt man uns auch dort nicht an. Bei Nacht erreichten wir Phan Thiet, das erst eine Woche zuvor vom Vietcong eingenommen worden war. Vor Morgengrauen setzte uns der Fischer in einem Beiboot an Land und machte sich davon.

Die ersten Menschen, die uns da am Wasser stehen sahen, starrten uns an, als seien wir Wesen aus einer anderen Welt. Kein Uniformierter weit und breit. Wir fragten nach Vertretern des Vietcong, niemand schien uns zu verstehen. So suchten wir schließlich selber nach den Repräsentanten der Provisorischen Revolutionsregierung und klopften an die Pforte eines Hauses, das mit einem riesigen Ho-Tschi-Minh-Bild auf dem Balkon und darunter einer überdimensionalen Karte der befreiten Gebiete einen offiziellen Eindruck machte. Ein junger Bursche tauchte auf, rechts eine russische Maschinenpistole in der Hand, Patronengurte über der Schulter, am Gürtel Handgranaten. Über unseren Anblick erschrocken, steckte er seine MP durch die Gitterstäbe der Pforte und brüllte los, als sei unsere Gegenwart ein Morgenspuk, den es zu vertreiben galt.

Von dem Gebrüll alarmiert, stürzten ein paar Männer in grünen nordvietnamesischen Uniformen aus dem Haus. Sie musterten uns erst mißtrauisch, dann baten sie uns hinein. Einer sprach französisch, wir erklärten uns: Wir seien deutsche Journalisten aus Saigon und wollten über die Befreiungsarmee und die befreiten Gebiete berichten. Man reichte uns bitteren Tee und fingergroße Bananen, ein Protokoll wurde aufgesetzt. Nach einer halben Stunde fuhr man uns in einem amerikanischen Beutejeep ins Hauptquartier der lokalen Vietcong-Polizei. Im Wagen lag noch ein US-Wimpel mit der Aufschrift «Wer wagt, gewinnt».

In dem umzäunten Hauptquartier, dem alten Gerichtsgebäude der Stadt, wurden wir vom Kommandanten und drei Offizieren, die ostdeutsche Kameras, Marke «Praktica» vor der Brust trugen, erneut vernommen. Sie wollten wissen, ob wir aus «Deutschland Bonn» oder «Deutschland Berlin» stammten, ob wir Waffen hätten, ob wir nicht für die Amerikaner spionieren wollten.

Als wir unseren Wunsch vortrugen, mit der Befreiungsarmee in Saigon einzumarschieren, wenn der Tag gekommen sei, schauten sich die Offiziere verdutzt an. Nach einer längeren Denkpause erklärte einer der Offiziere: «Was veranlaßt Sie zu der Annahme, daß es schon soweit ist? Wir haben noch viele Gebiete zu befreien, und der Widerstand ist groß.» Hier schien niemand mit einem raschen Fall Saigons zu rechnen.

«Mutig von Ihnen, hierherzukommen», sagte schließlich der Kommandant, «aber da Sie illegal eingereist sind, müssen Sie sich von jetzt an der Disziplin der provisorischen Revolutionsregierung unterwerfen. Ihre Bitte wird von unserer Regierung geprüft werden.» Er führte uns in ein etwa fünf mal sieben Meter großes Zimmer, in dem zwei Schreibtische und zwei Schränke standen – nicht etwa eine der üblichen Zellen im Gefängnis –, deutete nach draußen auf einen kleinen Vorhof und sagte ohne Arg: «Innerhalb dieses Raumes dürfen Sie sich frei bewegen.»

Die seltsame Gefangennahme von uns Europäern, uns «Rundaugen», mußte sich in Windeseile beim lokalen Vietcong herumgesprochen haben. Immer mehr Dschungelkämpfer tauchten vor unserem Fenster auf und blickten mit freundlichem Grinsen ins Zimmer. Fast jeder trug eine

Kalaschnikow-MP, Lauf nach unten, und Sandalen aus alten Autoreifen. Ihre Uniformen waren so bunt zusammengewürfelt, daß sie aussahen wie eine Mischung aus kurdischen Rebellen und mexikanischen Banditen.

Niemand trug Rangabzeichen, keiner salutierte vor den Offizieren, die an ihren Pistolentaschen zu erkennen waren. In all den Tagen beim Vietcong hörten wir keinen einzigen Kommandoruf. Das Verhältnis der Kämpfer untereinander erschien uns fast familiär. Einige wagten sich zu uns ins Zimmer und gaben uns durch Zeichensprache einen Schnellkurs in Guerilla-Ordnung: Wie man Schlafdecken korrekt faltet, wie man Moskitonetze spannt. Ihren Gesten entnahmen wir, daß wir unsere Haare auf Dschungelformat kürzen und auch nicht vergessen sollten, uns draußen am Brunnen morgens und abends zu waschen, am ganzen Körper. Einer unserer Besucher riß eine Seite aus einem Buch mit dem Titel «Handbuch der amerikanischen Bibelgesellschaften» – es stammte aus dem Nachlaß der US Air Force – und drehte sich daraus eine Zigarette.

Schließlich wurde uns Suu vorgestellt, der Übersetzer. Er sprach Englisch mit breitem amerikanischem Akzent. Gelernt hatte er es in den Dschungelschulen des Vietcong und von der «Stimme Amerikas», die er in Kampfpausen abhören durfte. Seine Sprache war unmißverständlich: «Ihr müßt den Befehlen unserer Revolutionsregierung gehorchen, sonst wird euch der Kopf abfallen.»

Am frühen Abend unseres ersten Tages unter Arrest, zwei Tage vor der Kapitulation Saigons, hörten wir plötzlich das Dröhnen von Flugzeugen, die aus Richtung Saigon anflogen. Und dann schoß es auch schon aus allen Rohren, von allen Dächern. Selbst mit einfachen Gewehren wurden die Maschinen unter Beschuß genommen. Zu spät entdeckten die Schützen, daß es nicht südvietnamesische Flieger waren, die Bomben abwerfen wollten, wie an so vielen Tagen zuvor, sondern eigene Leute in erbeuteten amerikanischen Jagdbombern vom Typ A 37. Sie hatten den Saigoner Flughafen Tan Son Nhut angegriffen. Im Steilflug entzogen sich die Maschinen der Gefahr. Nie zuvor hatte der Vietcong Flugzeuge eingesetzt – «Wir wollen die Zivilbevölkerung nicht gefährden», erklärte uns der Kommandant. Später erfuhren wir, daß die Attacke die Antwort Hanois auf die Antrittsrede des neuen Präsidenten Minh gewesen war, der sich geweigert hatte, die Regierungstruppen aufzufordern, ihre Waffen zu strecken.

Am Mittag des nächsten Tages wurden zwei Männer ins Hauptquartier geführt, der Japaner Yoshihiro Ichikawa und der Amerikaner Earl Martin. Sie waren ein paar hundert Kilometer weiter nördlich, in Da Nang, vom kommunistischen Vormarsch überrollt worden. Der Vietcong hatte ihnen Ausweispapiere gegeben, die sie bei ihrer Reise nach Süden – per Bus und zu Fuß – in jeder Provinzhauptstadt abstempeln lassen mußten. Die beiden waren Sozialarbeiter, die im Auftrage der amerikanischen Mennoniten-Religionsgemeinschaft südvietnamesische Bauern lehrten, Minen und Blindgänger aus den amerikanischen Bombenabwürfen aufzuspüren und um sie herum die Felder zu pflügen.

Der Kommandant gab uns Gelegenheit, mit ihnen zu sprechen. Sie wollten weiter nach Saigon, seit zwei Wochen waren sie unterwegs. Bei ihren Gesprächen mit Bauern und Städtern war ihnen nicht ein einziges Mal von Racheakten des Vietcong an Zivilisten oder Regierungssoldaten berichtet worden. Die Guerillas seien sogar eingeschritten als nach der Eroberung von Nha Trang eine aufgebrachte Menschenmenge einen Saigoner Geheimdienstmann hatte lynchen wollen. Der Mann, so hätten die Guerillas gesagt, gehöre vor ein ordentliches Gericht. Nur Plünderer seien sofort an die Wand gestellt worden.

Später erzählte uns Suu, daß niemand, der dem alten Regime als Soldat oder Beamter gedient hat, etwas zu fürchten habe. Er müsse sich lediglich registrieren lassen. Und wer wolle, wer an Umerziehungskursen teilgenommen habe, wer «sauber» sei, der dürfe im neuen System mitmachen: «Wir führen ja keinen Eroberungs-, sondern einen Befreiungskrieg.» Die Revolution erlaubt sich eben keine permanenten Feinde; der Weg zur moralischen Rehabilitation – das ist Gesetz – ist für jedermann offen.

Als wir am Tag der Kapitulation in den Jubel nicht miteinstimmen wollten, fragte Suu uns mißtrauisch: «Warum freut ihr euch nicht? Dies ist ein Wendepunkt der Geschichte, die Fremdherrschaft über Vietnam ist beendet. Erst waren es die Chinesen, dann die Franzosen und Japaner und zum Schluß die Amerikaner. Wir haben sie alle besiegt.» Wir erklärten ihm, daß wir als Journalisten diese historische Stunde lieber bei der kämpfenden Truppe und mit der Bevölkerung als eingesperrt verbracht hätten. Suu kam mit seiner Standard-Antwort: «Ihr müßt auf die Befehle der Regierung warten.»

Am 1. Mai zogen den ganzen Vormittag über Marschkolonnen an unserem Fenster vorbei: Die Bewohner Phan Thiets übten den Aufmarsch zur ersten Siegesfeier. Slogans wurden eingeübt, und auf Kommando winkten sie alle mit kleinen Vietcong-Fähnchen. Nach langen Diskussionen gestattete uns der Kommandant, eine der Marschformationen zu fotografieren. «Machen Sie schöne Fotos», ermahnte er uns, «und verzerren Sie mit Ihrer Kamera nicht die Wirklichkeit.» Er suchte eine Kolonne aus, ließ ein paarmal zur Probe winken und revolutionäre Parolen rufen, und erst dann durfte «Stern»-Fotograf Bollinger auf den Auslöser drücken. Den Leuten – Frauen, Rikscha-Fahrern, Schulkindern – schien's Spaß zu machen.

Zur Feier des Tages wurde die Elektrizität, die sonst auf ein paar Stunden pro Tag rationiert war, schon mittags eingeschaltet. Nach Einbruch der Dunkelheit fuhren Lastwagen auf den Hof, vollbeladen mit Verwaltungsfachleuten auf der Durchreise von Hanoi nach Saigon. Zwei von ihnen sprachen Deutsch. Der eine, ein 44jähriger Südvietnamese, hatte im Auftrag seiner Revolutionsregierung in Leipzig das Druckerhandwerk gelernt und später in Höhlendruckereien des Vietcong Flugblätter hergestellt. Der andere, ein 28jähriger Nordvietnamese, hatte in Ostberlin Mathematik studiert und sollte nun in Saigon «irgendeine Aufgabe» zugewiesen bekommen. Beide brannten darauf, die «Revolution zum Abschluß zu bringen». Aber der Mathematiker war skeptisch: «Die Leute im Süden sind so konsumorientiert. Und was passiert, wenn die ausländischen Importe demnächst wegbleiben.»

Die Tage verronnen, wir blieben weiter eingeschlossen. Frühstück morgens um fünf mit einer Schale Reis, die mittags und abends mit ein paar Sojabohnen und konfettigroßen Fleischstückchen angereichert wurde. Die normale Guerilla-Kost. Gelegentlich brachte uns Suu eine Coca-Cola aus den Restbeständen eines nahen Kiosks. Wir bezahlten das «imperialistische Symbolgetränk», wie Suu es verächtlich nannte, mit Saigoner Geld, das neben der nordvietnamesischen Währung in den eroberten Gebieten im Umlauf blieb.

Die Soldaten, die hin und wieder ins Zimmer kamen, um uns zu helfen, die Zeit totzuschlagen, wirkten allesamt jünger, scheuer und auch weniger kriegerisch als die Saigoner Regierungssoldaten. Nie sahen wir jemanden Alkohol trinken, wie wir es so oft bei ihren Gegnern beobachtet hatten. Es waren simple Bauernkinder, und für viele waren wir die ersten Weißen, die ihnen nicht als Feinde gegenüberstanden. Eines Nachmittags stellte uns Suu eine Kameradin vor. «Sie ist ein braves Mädchen», sagte er, «sie hat viele Amerikaner im Kampf getötet.» Das Mädchen, 25 Jahre alt und hübsch, fingerte verlegen an seiner MP und rannte dann kichernd davon. «Sie ist uns allen ein großes Vorbild, eine echte Patriotin», schwärmte Suu und fügte, nur halb im Scherz, hinzu: «Nehmt euch in acht vor ihr: Ihr seht nämlich wie Amerikaner aus.»

Endlich, am zehnten Tag unseres Arrests, lag die Entscheidung der Regierung vor: Wir durften nach Saigon. Der Kommandant präsentierte uns eine Rechnung über 9500 Piaster, rund 30 Mark, für Kost und Logis im Gefängnis und meinte entschuldigend: «Die Befreiungsbewegung ist eben nicht reich.» Dann führte er uns zum Abschied durch Phan Tiet. Er zeigte uns die bombardierten Wohnviertel, die Häuser der Reichen, die geflüchtet waren und deren Besitz nun in Gemeineigentum überging. Die Stadt wurde aufgeräumt, die Geschäfte öffneten wieder. Und überall ein Bild von Onkel Ho. Das Taxi, das uns zurück nach Saigon brachte, bestiegen wir zu siebt. Der Kommandeur hatte uns gebeten, ein paar Soldaten mitzunehmen, weil's den Befreiern an Fahrzeugen fehle: Wir möchten doch so gut sein und die Rebellen bitte am Präsidentenpalast abliefern.

Über die Nationalstraße 1, über die Wochen zuvor Hunderttausende nach Süden geflüchtet waren, strömten die Menschen jetzt nach Norden zurück in ihre Heimatorte. Und zum erstenmal seit 30 Jahren konnten die Landstraßen auch nachts wieder befahren werden, ohne Angst vor Feuerüberfällen. In den Reisfeldern am Straßenrand lagen Hunderte von zerschossenen Panzern und Lkws, aus deren abmontierten Reifen gleich wieder Vietcong-Sandalen herausgeschnitten wurden. Fliegende Händler boten Cola-Ersatz: Limonade aus Peking. Die Palastwachen, bei denen wir am Abend unsere Guerillas abluden, reichten uns Tee und spielten stolz mit vergoldeten Feuerzeugen und Krawattennadeln aus der Geschenkkammer des Ex-Präsidenten. Aufschrift: «Mit den besten Wünschen: Nguyen Van Thieu.»

Saigon, das wir verlassen hatten, als das alte Regime noch fest an eine Überlebenschance glaubte, und in das wir zurückkehrten, als die neuen Herren schon die zweite Woche der Befreiung zelebrierten, überraschte uns: So gelassen, so liberal, so freundlich hatten wir uns Ho-Tschi-Minh-Stadt nicht vorgestellt. Wohl selten hat sich ein Systemwechsel nach einem ähnlich barbarischen Krieg so zivilisiert vollzogen: Keine Stadien, in die man Zehntausende Regimegegner getrieben hätte, keine siegestrunkenen Truppen auf der Suche nach Rache.

Vielleicht lag es daran, daß das neue Regime angesichts einer Hundertschaft von ausländischen Journalisten in Saigon der Welt seine guten Intentionen beweisen und die berühmte «Blutbad»-Theorie als eine weitere amerikanische Kriegslüge entlarven wollte. Vielleicht war es auch einfach nur ein Mangel an Ordnungskräften, an Personal: Die einst 120000 Mann starke südvietnamesische Polizei war vollständig aufgelöst, in den Saigoner Straßen regelten Schüler den Verkehr. Und die alten Beamten wurden vorübergehend in ihre Ministerien zurückbeordert, um die neuen Verwaltungsleute die Amtsgeschäfte zu lehren.

Vieles war geblieben: Das «Bierre 33» auf der Terrasse des Hotel Continental Palace, die Bettelkinder, die Nutten, der indische Buchhändler am Ende der Tu-Do-Straße, der noch immer Dollars zu Schwarzmarktpreisen tauschte. Und vieles war neu: die öffentlichen Hinrichtungen von Dieben und Plünderern, die Blockwarte, die zur Frühgymnastik aufriefen, die Beamten, die kein Bestechungsgeld nahmen.

Die Preise für schwarze Pyjamas, den Kampfdreß der Rebellen, waren ums Doppelte gestiegen, und auf dem «black market» ließen sich die Dschungelkämpfer – ans Feilschen nicht gewöhnt – übers Ohr hauen: Sie kauften «Sony»-Radios, «PanAm»-Trageaschen und «Schweizer» Uhren, die nur ein paar Stunden tickten (denn innen hatten sie ein Spielzeug-Uhrwerk).

Fast sah es so aus, als ließe sich Sparta von Byzanz versuchen. Und viele, die bei der Evakuierung keinen Platz mehr gefunden hatten, freuten sich nun, daß sie zurückgeblieben waren. In einem Straßencafé traf ich Le Van Danh wieder, der früher für die Amerikaner gedolmetscht hatte: «Ich bin ja so froh», sagte er strahlend, «daß die Amerikaner mich nicht mitnehmen wollten. Keine Daumenschrauben und soviel Freiheit.»

Soviel Freiheit war dann doch offenbar zuviel. Noch vor der Massenausreise der westlichen Journalisten strafften die Regierenden das System: Man begann Bücher zu verbrennen, Schallplatten zu zerstören, Vorschriften für Kleidung und Haartracht zu erlassen. Und als sich vor dem Gebäude der Nationalversammlung, auf einem umgestürzten Kriegerdenkmal, ein Südvietnamese mit Benzin übergoß und verbrannte – die traditionelle buddhistische Form des Protests –, da hieß es offiziell, der Mann habe seinem Leben aus Freude über den Frieden ein Ende gesetzt.

Es mag sich zeigen, daß es für viele von uns leichter war, gegen ihre Leiden zu protestieren als mit ihrem Sieg zu leben.

Drei Fragen sind zu beantworten:
1. *Warum haben die Amerikaner den Krieg in Vietnam verloren?*
Zuallererst war es die amerikanische Selbsttäuschung, etwas anderes als einen Kolonialkrieg gegen eine nationale Befreiungsbewegung zu führen: nämlich «westliche Freiheit» gegen «kommunistische Sklaverei» zu verteidigen. Die Führer der kommunistisch dominierten Befreiungsbewegung sahen sich zu Recht in der Nachfolge eines tausend Jahre alten Kampfes gegen chinesische, französische und japanische Fremdherrschaft.

Es war Lyndon B. Johnson, der, bevor er den Krieg eskalierte, davor warnte, «amerikanische GIs in den Schlamm und Schmutz Indochinas zu schicken, um Kolonialismus und die Ausbeutung durch den Weißen Mann in Asien zu verewigen». Und es war Dwight D. Eisenhower, der sich einer Wiedervereinigung Vietnams durch freie Wahlen – wie im Genfer Abkommen vereinbart – widersetzte, weil, wie er später in seinen Memoiren schrieb, «wahrscheinlich 80 Prozent der Bevölkerung den Kommunisten Ho Tschi Minh zu ihrem Führer gewählt hätten».

So war das amerikanische Eingreifen ein klassischer Akt der Aggression, etwa wie die sowjetische Intervention in der Tschechoslowakei und die US-Intervention in der Dominikanischen Republik: Mit dem einzigen Ziel, die nationalen revolutionären Kräfte auszuschalten. «Kommunismus oder nicht», kommentierte nach dem Fall Saigons in Paris General Marcel Bigeard, der bei Dien Bien Phu französische Fallschirmjäger geführt hatte, «die Idee des Patriotismus ist eine Kraft, dem nichts Ebenbürtiges entgegenzusetzen ist.»

Was die Amerikaner diesem Patriotismus entgegenzusetzen hatten, waren korrupte, repressive Führer vom Schlage eines Ky und eines Thieu, Politiker ohne Rückhalt im Volke. Sie gaben vor, «westliche Freiheit» zu verteidigen, ohne sie je installiert zu haben. Sie verhinderten soziale Reformen, die selbst der CIA für nötig hielt, damit «hearts and minds» (Herzen und Verstand) der Menschen in Vietnam gewonnen würden. Sie erfanden Tigerkäfige, und mit ihrer «Operation Phoenix», in

Washington entworfen, liquidierten sie 20 000 Südvietnamesen, die im Verdacht standen, mit dem Vietcong zu sympathisieren.

Schließlich waren die Amerikaner in der Kriegsführung nicht nur moralisch, sondern auch taktisch unterlegen: Wo sie in großen Truppenmassierungen auftauchten, kämpfte der Gegner als Guerilla – flexibel, ausweichend, aus dem Hinterhalt; wo sie ihren südvietnamesischen Alliierten das Feld überließen, stellte sich der Gegner in konventionellen Formationen – und gewann.

Die Amerikaner sagen, sie hätten sich militärisch «zurückgehalten», sie hätten gewinnen können, wenn man ihren Militärs nur freie Hand gelassen hätte. Zahlen sprechen dagegen: 1954, als US-Außenminister John Foster Dulles dem französischen Ministerpräsidenten Bidault Atombomben für den Endkampf in Indochina anbot, bezahlten die Amerikaner schon 80 Prozent des französischen Kolonialkrieges. In den 60er Jahren bewilligte dann der US-Kongreß nahezu alle Gelder, die das Pentagon für die Kriegführung anforderte. Die Amerikaner schickten 500 000 Mann und 150 Milliarden Dollar in den Kampf, die Alliierten des Vietcong und der Nordvietnamesen, die Chinesen und die Russen, schickten keine Truppen, und nur zehn Milliarden Dollar.

War es «Zurückhaltung», daß die Amerikaner Nordvietnam nicht «ins Steinzeitalter» zurückbombten, wie ein US-General vorschlug. Und war es «Zurückhaltung», daß es nicht jeder Stadt in Südvietnam so ging wie Ben Tre im Mekong-Delta, über die ein US-Offizier im Februar 1968 sagte: «Wir mußten sie zerstören, um sie zu retten.» Es ist fraglich, ob die Amerikaner über das Land je hätten siegen können. Gewonnen hätten sie es bestimmt nie.

2. Welche Lehren ziehen die Amerikaner aus Vietnam?

«We have learned the lessons of Vietnam», verkündete Präsident Ford nach der Kapitulation. Offen ist, welche? Nobelpreisträger Kissinger blieb Außenminister; der Architekt von «Operation Phoenix» ist heute Chef der CIA. Und als ihm die «Mayaguez»-Affäre Gelegenheit bot, da schlug Ford drauflos, als gelte es der Welt zu beweisen, daß Amerikas «gesunder militärischer Geist» auch nach der Niederlage in Indochina ungebrochen sei. Der Kraftakt, mit dem Ford seiner Nation die Demütigung von gestern vergessen machen wollte, brachte ihm 15 Pluspunkte in seiner Popularitätskurve. «To save American lives», war den Amerikanern schon immer Rechtfertigung genug für wilde, aber populäre militärische Abenteuer.

Freilich, den Amerikanern – auf Gott und ihren Präsidenten vertrauend – blieb nicht erspart zu erkennen, daß ihre politischen und militärischen Führer sie über Vietnam von Anfang an belogen hatten: Johnson, der «American boys» nicht für «Asian boys» kämpfen lassen wollte und dann zum «Babykiller» wurde; Nixon mit seinem Geheimkrieg in Kambodscha und seinen geheimen Zusagen an Thieu (die zum Schluß dann doch nicht gehalten wurden); Kissinger, der vor den Wahlen 1972 «peace at hand» sah und nach den Wahlen zugeben mußte, er habe sich geirrt; der CIA, der die Stärke des Gegners bewußt minimierte; die Generalstäbler, die in jedem Herbst aufs neue den Sieg fürs übernächste Jahr in Aussicht stellten. Für die Amerikaner war ein Stück von Orwells «1984» Wirklichkeit geworden: Ein Wahrheitsministerium verantwortlich für Regierungslügen.

Auch um eine andere Einsicht kamen die Amerikaner nicht herum: Vor My Lai waren es immer die eigenen Soldaten, die Schokolade verteilt, und die anderen, die Massaker verübt hatten. Und nun: GIs als Kriegsverbrecher, als die «bad guys» im ersten TV-Krieg der Geschichte. Zum physischen Schaden auf dem Schlachtfeld kam der psychische Schaden daheim. Amerika verlor mit seinem Sündenfall in Indochina nun auch im Bewußtsein der eigenen Bürger seine weltpolitische Unschuld.

Und wenn Amerika etwas gelernt hat, dann vielleicht die Erkenntnis, daß der «American way of life» nicht für jedes Volk automatisch die erstrebenswerte höchste Stufe der Zivilisation darstellt, daß Vietnam, als es «fiel», vielleicht nur vom «American way of life» abgefallen war.

3. Wie wird es in Vietnam weitergehen?

Zerbombte Deiche, verminte Felder, entlaubte Wälder, zerstörte Dörfer und Städte: Es wird ein langer, teurer Wiederaufbau. Millionen Arbeitslose müssen versorgt, die Flüchtlinge müssen zurück aufs Land geschickt werden. 1960 lebten nur 15 Prozent der Bevölkerung Südvietnams in den Städten, in den letzten Jahren waren es fast 50 Prozent. Die Ernten sind in Gefahr.

Der Sieg der Befreiungsbewegung ist keine automatische Ausdehnung des Machtraumes der Sowjetunion oder Chinas. Er bedeutet zunächst nicht viel mehr als die Vergrößerung eines nationalkommunistischen Staates, der sich von nationalen Motiven leiten läßt, und sich sogar US-Hilfe wünscht, um von Moskau und Peking unabhängiger zu werden. Vielleicht schaffen es die Vietnamesen, den Süden binnen fünf Jahren so weit zu organisieren, so weit «umzuerziehen», daß er mit dem straff geführten Norden wiedervereinigt werden kann.

Was immer es an inneren Auseinandersetzungen zwischen den Nordvietnamesen und ihren «revolutionären Brüdern» im Süden, den Vertretern der Provisorischen Revolutionsregierung, geben mag – einig ist die Nation schon jetzt, ein 43-Millionen-Volk mit einer der besten Armeen der Welt. Und vor allem wohl: eine moralische Großmacht.

Januar 1973
Vietnam-Waffenstillstandsabkommen paraphiert
Unterzeichnung und Inkraftsetzung am Samstag – Rede Nixons an die Nation

(*Neue Zürcher Zeitung* vom 25. Januar 1973)

Gemeinsame Bekanntgabe in Washington und Hanoi
Von unserem Korrespondenten
H. E. T. Washington, 24. Januar

Diesmal kommt die Waffenruhe in Vietnam wirklich. Präsident Nixon hat am Dienstag um 22 Uhr Ortszeit (4 Uhr MEZ) in einer kurzen Ansprache an die Nation erklärt, Kissinger und Le Duc Tho hätten ihre Initialen unter das Abkommen zur Beendigung des Kriegs und zur Schaffung eines Friedens in Ehren in Vietnam und Südostasien gesetzt. Nixon verlas eine *gemeinsame Erklärung*. Der Präsident sprach vom Frieden und nicht von Waffenruhe, von *Südostasien* und nicht bloß von Vietnam. Das Abkommen wird am *Samstag*, dem 27. Januar, in Paris unterzeichnet werden, und zwar voraussichtlich von den Außenministern der Vereinigten Staaten und Nordvietnams. Ob und von wem und in welcher Form die Regierung in Saigon und die provisorische Regierung der Befreiungsfront den Vertrag unterzeichnen lassen werden, sagte Nixon nicht. Der *Waffenstillstand* soll am 27. Januar um Mitternacht (Greenwich-Zeit) beginnen. Ob er nur Vietnam umfassen wird oder von Anfang an auch Laos und Kambodscha, ist Nixons Ausführungen nicht mit Sicherheit zu entnehmen.

Nixon erklärte, er habe am 8. Mai die *Voraussetzungen* für eine Übereinkunft zwischen den Vereinigten Staaten und Nordvietnam umschrieben; diese seien nun erfüllt worden. Innert 60 Tagen würden *alle* amerikanischen Kriegsgefangenen freigelassen, und nach den Vermißten sollen Nachforschungen aufgenommen werden. Innert 60 Tagen werden auch *alle amerikanischen Streitkräfte* aus Vietnam zurückgezogen, nicht aber diejenigen in Thailand und im Golf von Tongking. Das *Selbstbestimmungsrecht* des vietnamesischen Volkes sei gesichert. Eine *internationale Überwachung* der Waffenruhe wird eingeführt. Die Vereinigten Staaten anerkennen das Regime in Saigon als einzige legitime Regierung von Südvietnam. Eine Anerkennung der provisorischen Regierung der Befreiungsfront wäre demnach also ausgeschlossen. Nixon verspricht Hilfe für den *Wiederaufbau*. Es sind 7,5 Millionen Dollar dafür in Aussicht genommen, von denen ein Drittel Nordvietnam zugute kommen soll.

Zweimal appellierte Nixon an die *anderen Mächte*. Er sprach die Erwartung aus, daß diese helfen würden, dafür zu sorgen, daß das Pariser Abkommen *eingehalten* werde. Nixon forderte eine strikte Befolgung der Abmachungen. Er sprach direkt die «anderen größeren Mächte» an, die in den Konflikt, wenn auch indirekt, verwickelt waren, und forderte sie auf, Zurückhaltung zu üben. Sowohl Südvietnam wie Nordvietnam sind auf Waffenlieferungen aus dem Ausland angewiesen; erhalten sie keine Waffen, dann wird das ihre «Friedensliebe» entscheidend fördern. Nixon versprach Südvietnam Unterstützung und Freundschaft, und er postulierte auch eine besondere Anstrengung im Sinne einer Versöhnung der Streitparteien...

Nordvietnamesen, Südvietnamesen?
Vietnamesen!
Von Hanoi nach Süden
Von Erik Eriksson[*]

Sie marschieren nie im Takt, die jungen Burschen in den grünen Uniformen, die in langen Reihen durch die Straßen von Hanoi ziehen. Sie tragen ihre Waffen auf dem Rücken oder in der Hand. Die einen haben gewöhnliche Gewehre, andere schleppen schwere automatische Waffen.

Alle tragen Rucksäcke. Und von der Schulter herunter rund um den Leib bis zum Gürtel hängt die lange, mit Reis vollgestopfte Stoffwurst: die Verpflegung des Guerillasoldaten.

Einige tragen rußige Töpfe. Während sie marschieren, rauchen sie Zigaretten. Ab und zu entdeckt einer einen Freund und bleibt stehen. Ein anderer kauft sich eine Flasche Bier. Nachher schließen sie sich im Wettlauf der Truppe wieder an. Und über der grünen Reihe die Flagge der Befreiungsfront.

Es fehlt ihnen an Disziplin. An solcher Art von Disziplin, wie wir sie mit der Vorstellung von militärischer Ordnung verbinden. Sie marschieren nie im Takt.

Ihre Disziplin drückt sich anders aus: Sie stellen das Ziel nie in Frage.

Dies ist Hanoi im Herbst 1972, und so ist es auch noch im Frühling 1975, als ich es wiedersehe.

Und wenn ich die jungen Burschen frage, wohin sie marschieren, antworten sie, daß sie auf dem Weg an die Front sind.

«Und wo liegt die Front?»

«Dort, wo wir gegen den Feind kämpfen.»

«Im Süden oder im Norden?»

«Überall in Vietnam.»

Manchmal begegnet mir aber eine junge Frau oder eine Mutter, die sagt:

«Mein Junge ist im Süden und kämpft gegen die Marionettenarmee. Wenn wir gesiegt haben, kommt er nach Hause.»

Nicht alle sind aber nach Hause gekommen. Viele sind dort geblieben. Wie viele gefallen sind, werden wir nie erfahren.

Daheim in Stockholm ruft jemand aus dem Ausland an und fragt, ob wir Filmbilder haben, die nordvietnamesische Truppen auf dem Marsch

[*] Erik Eriksson drehte für das Schwedische Fernsehen.

gegen Süden zeigen.

Dies geschieht im April 1975. Die Bilder sollen zeigen, daß Nordvietnam der Angreifer ist, der Südvietnam erobert.

Haben wir solche Bilder? Oder haben wir Bilder, die junge vietnamesische Soldaten zeigen, die auf dem Weg an die Front in ihrem eigenen Land sind, um den nationalen Befreiungskampf zu beenden, den Kampf, den schon ihre Väter geführt haben – gegen Japan, Frankreich und gegen die Vereinigten Staaten. Und gegen die Satellitenregierungen dieser Großmächte in Vietnam.

Was zeigen diese Bilder? Die Amerikaner behaupten: Hier habt ihr den Beweis – sie sind die Angreifer. Die Vietnamesen dagegen, im Norden wie im Süden, sind anderer Meinung: Vietnamesen aus dem Norden helfen ihren Landsleuten im Süden. Nicht wir haben Vietnam geteilt, die Vereinigten Staaten haben uns die Teilung aufgezwungen. Wir verteidigen unser Land gegen Angriffe von außen. Soldaten aus Vietnam ziehen in ihrem eigenen Land von einem Ort zum anderen. Das ist es, was die Vietnamesen sagen.

Am 6. April verlasse ich Stockholm. Am 9. bin ich in Hanoi. Auf großen Plakaten, überall: Karten, Karten. Sie zeigen die neuerlich befreiten Gebiete; Zeitungen und Rundfunknachrichten berichten über nichts anderes mehr. Nur noch Siege, immer neue, immer schneller.

Aber wie verläßlich sind solche Meldungen? In Hanoi haben Siegestöne immer einen dominierenden Platz eingenommen. Auch während der schlimmsten Luftangriffe wurde nur der Sieg beschworen. Die Führer in Hanoi haben es immer gesagt: das Volk von Vietnam wird viele Jahre kämpfen müssen, um den Sieg zu erringen. Noch zwanzig, dreißig Jahre? Vielleicht sogar länger?

Die Zukunftsperspektive ist die Stärke der Vietnamesen. Aber wir Vietnam-Besucher aus dem Westen mißdeuten sie als Unsicherheit. Was ist Wahrheit, und was ist politisches Kalkül, bewußte Manipulation?

Ausländische Journalisten sammeln sich in diesen Tagen Anfang April in Hanoi. Viele warten aber noch in Vientiane, eine Flugstunde von Hanoi entfernt, in der Hoffnung auf ein Visum. Es ist noch immer schwer, ein Visum für Nordvietnam zu bekommen. Die Mehrzahl der Anwesenden sind in Hanoi stationierte Berichterstatter aus den sozialistischen Ländern und Reporter der französischen und italienischen kommunistischen Zeitungen. Dazu kommen noch ein Korrespondent von «Le Monde», einer von AFP, ein französisches Fernsehteam und schließlich wir selbst, der schwedische Rundfunk.

Wir wissen, daß eine Reise nach Da Nang vorbereitet wird. Nicht alle bekommen aber einen Platz im Flugzeug. Etwa 25 von uns dürfen mitfliegen.

An einem Donnerstag geht es los in Richtung Süden, entlang der Küste

Nordvietnams. Dort unten liegen die ausgebombten Städte Thanh Hoa, Vinh, Dong Hoi. Und dann der Grenzfluß am 17. Breitengrad. Die gesprengten Brücken in Hué sehen genauso aus wie alle anderen gesprengten Brücken, wie ich sie während der Jahre in Nordvietnam zu Hunderten gesehen habe. Und dann die Bombentrichter, die aus der Luft ganz anders aussehen als von unten. Von oben sieht man, wie zahlreich sie sind. Die Trichter liegen unter der Wasseroberfläche der Reisfelder. Die unzähligen Löcher sind unter dem Wasserspiegel so verborgen, daß man sie von der Straße aus nicht sehen kann. Ganze Reihen von Kratern ziehen sich in Linien durch die Dörfer und die Reisfelder und die kleinen Wälder.

Wir landen auf dem gigantischen Flugstützpunkt in Da Nang, der von den Amerikanern gebaut wurde. Er war einmal der größte Asiens. Die Landebahnen scheinen am Horizont zu verschwinden. Das kleine zweimotorige, russischgebaute Rea-Flugzeug, das in Hanoi immer die Landebahn in ihrer ganzen Länge ausnutzt, braucht hier in Dan Nang nur ein kleines Stück der unendlich scheinenden betonierten Rollbahn.

Über dem Flughafen liegt Stille. Nur wenige Soldaten, eine große FNL-Flagge über der Ankunftshalle, zerschossene amerikanische Hubschrauber vor den Hangars, auf der Erde Uniformen, Gewehre, Patronengürtel, Hunderte von Militärstiefeln.

Hier hatten die Soldaten der Saigon-Armee versucht, sich in heilloser Angst mit Gewalt in die letzten Flugzeuge zu drängen, die vor drei Wochen von hier aufstiegen, kurz bevor die PRG und die nordvietnamesischen Einheiten Da Nang übernahmen. Hier waren die demoralisierten Überreste der Saigon-Armee von der Massenhysterie der verängstigten Bevölkerung überwältigt worden. Jetzt herrscht hier Stille. Und rund um den Flugplatz die verlassenen Bombenvorräte, die Baracken, die Gebäude der Stäbe, alles von Stacheldraht geschützt. Junge Mädchen in langen weißen Kleidern servieren Coca-Cola unter einem großen Ho-Tschi-Minh-Porträt in der Ankunftshalle. Einige Mitglieder des neuen Stadtrates von Da Nang empfangen uns.

Dann entdecke ich Le Phuong. Viele Jahre hindurch war Le Phuong der Vertreter der PRG in Stockholm. Wir begegneten uns oft. Und wir sprachen davon, daß er mir einmal Südvietnam zeigen sollte. Das klang damals fast wie ein Witz. Es lag gleichsam in weiter Ferne. Jetzt, wo wir uns am 17. April 1975 in Da Nang trafen, schien es uns mit einemmal ganz und gar selbstverständlich, daß es so gekommen war.

Le Phuong stammt aus Südvietnam. Er hat sein ganzes Leben lang für die Selbständigkeit des Landes gekämpft. Er ist jetzt 50 Jahre alt, hat jahrzehntelang von seiner Familie nichts gesehen oder gehört.

Rund um den Flughafen sieht man noch die Spuren der Flucht und der Zerstörung. Unten in der Stadt dagegen ist alles normal: in den Straßen der Verkehr, die Läden sind geöffnet, die Menschen drängen sich auf den

Märkten. Und man sieht nur wenige Soldaten. Und die, die wir sehen, sind örtliche Kader. Von der regulären Armee keine Spur.

Am 29. März waren die Befreiungstruppen da, so werden sie von allen genannt, mit denen ich in Da Nang spreche. Alles verlief ganz ruhig, als sie ankamen. Die Einheiten Saigons waren schon geflohen. Jetzt scheinen die Menschen im Grunde erleichtert darüber, daß die Befreiungsarmee der Welle von Gewalt und Plünderung, die von den flüchtenden Saigonsoldaten ausgelöst wurde, ein Ende setzte. Viele berichten von Mord und Raub auf offener Straße in den letzten Märztagen.

Die neuen Soldaten hätten für ihr Erscheinen keinen besseren Hintergrund bekommen können. Als sie kamen, wurden sie wirklich wie Befreier begrüßt.

Die Befreiungsarmee – in Vietnam ist dies ein altbekanntes Wort. Gegen Japan, Frankreich und die USA haben vietnamesische Befreiungssoldaten gekämpft, und gegen die Truppen, die jene Großmächte in Vietnam rekrutiert hatten.

Jetzt von der Befreiungsarmee zu sprechen, ist eine Selbstverständlichkeit. Für die Vietnamesen ist die Tradition lebendig.

Aber woher kommen sie, die Soldaten: aus dem Norden, aus dem Süden? «Viele unter uns, die aus dem Norden kommen, haben ihre Familien im Süden», sagt ein PRG-Funktionär, dem ich die Frage stelle. Andere, die im Süden wohnen, haben Verwandte im Norden. «Die Aufteilung in Nord- und Südvietnam», sagt ein anderer, «das hat mit uns nichts zu tun. Vietnam ist *ein* Land.»

Es gab im Süden starke Armeeinheiten, die von der FNL aufgestellt waren. Vor allem gab es im Süden ein effektives politisches System, das seit langem einen neuen administrativen Aufbau vorbereitet hatte.

Im Norden gab es aber eine große reguläre Armee.

General Giap hat viel über die Bedeutung der großen militärischen Basis gesprochen. Die große Basis ist im Norden. Die große Front gibt es aber im Süden. Die Basis hatte landwärts eine Grenze gegen ein freundlich gesinntes Land, das die Einfuhr von Kriegsmaterial garantieren konnte. Die Luftangriffe der Amerikaner konnten die Kapazität der großen Basis nie zerstören.

Ein intaktes Basisgebiet ist in einem Befreiungskrieg wahrscheinlich von vitaler Bedeutung, besonders wenn der Angreifer eine Großmacht ist, die über Hangarschiffe und Luftbasen in den angrenzenden Ländern verfügt.

Die Befreiungsbewegung im Süden bereitete den Sieg vor, um aber die gut ausgerüstete reguläre Armee des Gegners zu schlagen, brauchte man eine große reguläre Befreiungsarmee, die innerhalb eines intakten Basisgebiets ausgebildet werden konnte.

Für die Vereinigten Staaten und für die amerikanische Propaganda war immer von einem Angriff aus dem Land im Norden gegen das Land im

Süden die Rede. Für die Vietnamesen war der Einheitsgedanke die Voraussetzung für den Befreiungskrieg: Vietnam ist *ein* und nur *ein* Land.

Die Streitkräfte der beiden Gegner waren ungleich bewaffnet. Die Verbände aus dem Norden waren wie die FNL-Verbände sparsam und mit älteren Waffen bewaffnet: Alte Kampfwagen, die keine westliche Armee akzeptiert hätte, Kanonen aus dem 2. Weltkrieg, selbstgemachte Handgranaten, das waren ihre Anfangsbestände.

Die Saigon-Armee war mit sehr gutem, modernem amerikanischem Material ausgerüstet. Aber: eine schlecht ausgerüstete Armee schlug eine gut ausgerüstete Armee.

Dies ist besonders augenfällig, wenn man die zurückgelassenen Arsenale der Saigon-Armee untersucht. Rund um Da Nang gibt es gigantische Ansammlungen von Kampfwagen, Kanonen, Granaten, Handfeuerwaffen, ja, sogar Hunderte von unzerstörten Hubschraubern und Jagdbombern.

Es gibt dort auch die gewaltigen Schrotthaufen verbrauchten Materials. Verrostete Panzerkampfwagen, Lastwagen, zerplatzte Kanonen, Munitionsbehälter – verzerrte Zeugnisse der mörderischen Verschwendung der amerikanischen Supermacht.

Zwischen den Schrotthaufen wohnen Menschen. Viele erzählen, daß sie als Folge einer Zwangsumsiedlung in dem Zeitraum hierhergekommen sind, als die Amerikaner noch rund um Da Nang Basen unterhielten.

«Wir sollten wahrscheinlich eine lebende Barriere rund um die Basen bilden», sagt ein Reisbauer, der mit seiner Familie in einer Hütte zwischen zwei Haufen von Lastwagenwracks wohnt.

«Die Guerilla würde die Basis nicht beschießen, wenn wir hier wohnten», sagt er. «Wir wurden hierher gezwungen, als die Basis gebaut wurde. Unser altes Dorf lag zu nah am Gebiet des Vietcong. So wurde uns gesagt.»

In der Woche, bevor ich Schweden wieder verlasse, sehe ich die Bilder von der Massenflucht aus Da Nang. Tag für Tag steigert sich die dramatische Spannung in den Bildberichten des Fernsehens.

Warum flohen alle diese Menschen?

Viele flüchteten natürlich aus Angst vor den kommunistischen Truppen, über die sie so viele Schreckensberichte gehört hatten. Viele flohen, weil sie in irgendeiner Weise mit den Amerikanern oder mit der Saigoner Verwaltung Verbindung gehabt hatten. Viele wollten nicht unter dem neuen System leben, das jetzt kommen würde. Darüber waren sie sich im klaren. Viele wurden aber auch von der Massenhysterie überwältigt.

In Da Nang begegnen mir Menschen, die behaupten, daß sie gezwungen wurden zu fliehen. Ein Soldat, der mehrere Jahre bei der Saigon-Armee war, berichtet, daß er gesehen habe, wie etwa zehn Menschen erschossen wurden, nachdem sie sich geweigert hatten, mit einem der Evakuierungsschiffe zu fahren. Eine ältere wohlhabende Geschäftsfrau erzählt, daß sie zuerst geflohen, aber dann wieder zurückgekehrt sei, nachdem sie die Brutalität der Saigon-Soldaten entlang der Fluchtwege gesehen habe.

Auf den Landstraßen vor Da Nang sehe ich Menschen, die mit ihren Möbeln zurückkehren, die sie auf Handkarren oder auf Autos geladen haben. Es ist kein breiter Strom, aber jetzt gibt es ja auch keine Eile mehr.

Die Stimmung in Da Nang ist gespannt. Wir, die Besucher der Stadt, sind es auch. Wir haben lange gewartet. Die meisten von uns schreiben oder machen seit mehreren Jahren Filmberichte über Vietnam. Was wir jetzt erleben, ist eine seit langem vorhergesehene Auflösung.

Die Menschen in Da Nang sind genau wie wir aufgeräumt und erleichtert. Ich schlafe nicht in der Nacht zwischen dem 17. und 18. März.

Ich kann mich an einige Zeiträume erinnern, wo ich in Vietnam eine ähnlich starke Stimmung erlebt habe: Im Herbst und im Winter 1972 während der Luftangriffe, und dann nachher die Erleichterung Anfang 1973, als die Bombardierungen aufhörten. Die ganze Periode war wie ein gewaltiger Druck, und in Hanoi wurde damals nur wenig geschlafen. Dieselbe Stimmung hatte ich im Herbst 1968 erlebt, nach den Luftangriffen, die vier Jahre hindurch auf Nordvietnam durchgeführt worden waren. Ich fuhr aus Hanoi südwärts auf zerbomten Straßen. Die Zerstörungen entlang der Küstenstraße waren unbeschreiblich.

Ich saß die ganze Zeit mit der Karte in der Hand und versuchte, die augenblickliche Strecke unseres Reiseweges auf der Karte auszumachen. Ich fragte gelegentlich meinen Dolmetscher, wann wir voraussichtlich durch Phu Ly, eine kleine Stadt südlich von Hanoi, fahren würden.

«Wir sind schon durch», antwortete er.

Die Stadt war verschwunden. Es waren dort nur noch Gras und Büsche, die die Ruinen verdeckten.

Wir waren eine Woche unterwegs. Die ganze Reise war ein Erlebnis, das sich tief einprägte.

Ich hatte aber bei keiner Gelegenheit früher in Vietnam eine ähnliche Freude und Erleichterung erlebt wie in Da Nang Mitte April 1975.

Am 20. April bin ich wieder in Stockholm mit den Filmen aus Da Nang. Ich arbeite Berichte für die Nachrichtensendung und einen halbstündigen Dokumentarfilm aus.

Der Krieg in Vietnam ist nicht zu Ende. Menschen, mit denen ich auf dem Rückweg in Hanoi sprach, waren optimistisch:

«Wir rechnen damit, daß das ganze Land vor Ausgang des Jahres befreit sein wird», sagte ein leitender Parteifunktionär.

Andere Leute in Hanoi mit guten Informationen sagten dasselbe. Vor Ausgang des Jahres. Alle fügten aber diese Bemerkung hinzu:

«Wir müssen aber damit rechnen, daß die USA wieder intervenieren können.»

Am 29. April sehe ich die Fernsehreportage über die Evakuierung der

Amerikaner aus Saigon. Chaos und Panik. Viele glauben, daß die Zerstörung Saigons jetzt bevorstehe.

Am 30. April ist alles vorbei. Die Flagge der PRR weht über dem Präsidentenpalast in Saigon.

Am 6. Mai bin ich wieder in Hanoi. Erneutes Warten auf die Weiterbeförderung. Diesmal sind bedeutend mehr Journalisten in Hanoi versammelt.

Am 12. Mai fliegen wir. Eine andere Gruppe Journalisten hat Hanoi in einem Bus schon verlassen. Ihre Reise wird fünf Tage dauern. Wir erreichen Saigon in zweieinhalb Stunden.

Auf der letzten Strecke vor Saigon fliegt der Pilot sehr niedrig, als ob er sich nach den Straßen und Häusern orientierte. Im Flugzeug sitzen außer den Journalisten auch ziemlich viele Vietnamesen aus Hanoi.

Die meisten sind im Süden geboren und haben Angehörige in Saigon. Sie sprechen nervös und aufgeräumt von der Begegnung mit Verwandten, die sie seit 20 Jahren nicht gesehen haben. Ob sie wohl leben? Ob sie nicht mit den Amerikanern geflohen sind?

Als wir in Tan Son Nhut, dem Flughafen Saigons, zur Landung ansetzen, sehe ich entlang der Rollbahnen Reihen von ausgebrannten Flugzeugwracks. In den Dächern einiger Hangars sind aufgerissene Löcher nach Granateinschlägen.

Während wir auf Autos warten, die uns zu einem Hotel in Saigon bringen sollen, gehe ich hinauf ins Obergeschoß der Ankunfthalle. Die Restauration und die Küche sind in sehr großer Eile geräumt worden. Noch hat hier niemand saubergemacht.

Gebackene Pasteten stehen noch auf dem Herd, mit einer grünen Schicht Schimmel obenauf. Die Ratten laufen auf den Regalen und über den Tresen. Ranziger Geruch. Die Schubläden der Registrierkassen sind offen, und Quittungen und Kassenzettel liegen verstreut. Irgendeiner hat die Geldscheine mitgenommen. Tabletts mit Erfrischungsgetränken stehen herum.

Das Kalenderblatt an der Wand zeigt den 29. April, den Tag, an dem die Pasteten gebacken, die Schubläden geleert wurden.

Für uns, die wir aus dem Westen gekommen sind, um über Saigon zu berichten, hat die Stadt kein besonders exotisches Gepräge. Für uns ist Hanoi eine exotische Stadt, auch Da Nang ist es. Saigon aber ist eine Stadt genau wie Bangkok, Tokio oder Hongkong, mit einem Massenangebot an importierten Waren, die zum schnellen Verbrauch bestimmt sind, mit dichtem Verkehr, mit stark verschmutzter Luft, Prostitution und Schwarzhandel.

Für die Vietnamesen, die mit uns aus Hanoi gekommen sind, ist Saigon aber eine besondere Stadt. Saigon ist die Hauptstadt des Feindes, die Stadt der Verelendung und der Unterdrückung. Die Tausende von Werbeschildern sind Symbole für das Wirtschaftssystem, das die Amerikaner einzuführen versuchten.

Für sie ist Saigon auch die Stadt, wo die Armen, die Arbeitslosen und die Ausgestoßenen endlich befreit worden sind. Die Stadt, wo jetzt endlich die vielen heimlichen Widerstandskämpfer ihre Überzeugung offen zum Ausdruck bringen können. Für sie ist Saigon die Stadt Ho Tschi Minhs, wo jetzt endlich die Bilder Ho Tschi Minhs in Straßen und auf Plätzen angebracht werden können.

Sie beginnen die Suche nach Familienangehörigen in Saigon. Ich frage nach und nach alle, mit denen ich aus Hanoi hierhergeflogen bin, ob sie gefunden haben, was sie suchten.

Ein Funktionär aus Hanoi erzählt, daß er seinen Vater gefunden hat. Der Vater ist über 70 Jahre alt. Er besitzt einen Chevrolet und eine Vespa. Bei dem Vater wohnt auch ein Bruder des Funktionärs aus Hanoi. Der Bruder war Offizier in der Armee Saigons.

Eine Frau aus Hanoi hat die Schwester ihrer Mutter getroffen. Ein hoher Parteifunktionär hat seinen Bruder gefunden.

Als das erste Schiff aus Nordvietnam in den Hafen Saigons einläuft, interviewen wir die Menschen, die auf dem Kai warten. Ein sehr alter Mann mit einem weißen Bart sagt, daß er seit dreißig Jahren seinen Sohn nicht gesehen habe. Er hofft jetzt darauf, daß er durch einen Passagier des Schiffes etwas über seinen Sohn erfahren kann. Eine ältere Frau wartet auf ihre Tochter.

Für viele Vietnamesen ist dies Wiedersehen mit Familienangehörigen eine der wichtigsten Früchte des Friedens. Für sie hat die Wiedervereinigung schon begonnen.

Um nicht für Amerikaner gehalten zu werden, bestellen wir schwedische Flaggen aus Stoff, die wir an den Hemdentaschen tragen. Das Wort Thuy Dien – Schweden – ist unter der Flagge gestickt. Zum erstenmal, seitdem ich erwachsen geworden bin, laufe ich also jetzt mit einer schwedischen Flagge herum.

Wir bemerken, daß amerikanische Journalisten in Saigon französische Flaggen tragen.

Ich bin in Nordvietnam mehrmals für einen Amerikaner gehalten worden. Dies ist mir auch zu Zeiten passiert, in denen amerikanische Bombenflugzeuge Bomben über Nordvietnam abgeworfen haben. Ich habe erlebt, daß man mich freundlich gefragt hat, ob ich zufällig Amerikaner wäre. Einige haben mir bei solcher Gelegenheit eine Zigarette angeboten.

Ich habe amerikanische Piloten interviewen können, die mit Fallschirm in Nordvietnam gelandet waren, nachdem sie ihre Bomben abgeworfen hatten, und ihre Flugzeuge abgeschossen worden waren. Sie haben erzählt, das, was sie am meisten in Erstaunen versetzt hat, war der Mangel an Aggressivität, die sie bei den Vietnamesen, welche sie gefangengenommen hatten, feststellten. Manchmal waren es Dorfeinwohner, die sie festhielten, während sie auf Soldaten warteten.

In Nordvietnam lernen alle, zwischen den Amerikanern und der amerikanischen Staatsführung, die im Norden die USA-Imperialisten genannt werden, zu unterscheiden. Die Schulkinder lernen es. Wenn man will, kann man dies Indoktrinierung nennen. In diesem Fall ist es aber eine humane Indoktrinierung.

Im Süden, wohin die Amerikaner angeblich als Helfer gekommen sind, wird man verhöhnt, wenn man Amerikaner ist. Im Norden dagegen, wohin die Bombenflugzeuge der USA kamen, wird man freundlich behandelt.

Es ist eine Beobachtung, die gewiß nicht ohne Bedeutung ist.

Da Nang hatte bei uns den Eindruck einer befreiten Stadt hinterlassen, wo die Menschen erleichtert und froh waren. Saigon ist eher wie eine Stadt unter strenger militärischer Kontrolle. Dieser Eindruck entsteht, wenn man in der Stadt umhergeht, wenn man sich die Straßen und die vielen grünuniformierten Soldaten ansieht. Der Eindruck ändert sich aber, wenn man mit den alten Widerstandskämpfern spricht, die sich jetzt in den revolutionären Ausschüssen maßgeblich betätigen. Für sie ist die Befreiung ein Lebenswerk, etwas, wofür sie Jahrzehnte hindurch gekämpft haben.

Es gibt revolutionäre Ausschüsse auf verschiedenen Ebenen. Auf der untersten Ebene gibt es Ausschüsse, die sich um Stadtteilfragen kümmern. Gleiche Ausschüsse gibt es auch auf dem Lande. Die Bewohner einer Straße oder eines Dorfes kennen die Männer und Frauen, die den örtlichen Ausschuß leiten.

Die Ausschußmitglieder sind alte Ortseinwohner, und auf der unteren Ebene sind sie im Besitz der Macht. Sie haben die Reisverteilung in ihrer Hand, sie sorgen für die Säuberung der Straßen, sie tragen die Verantwortung für Erziehung und für die Behandlung sozialer Fragen.

Wer hat aber auf der höchsten Ebene die Macht und kann sie ausüben? Ist es die PRR oder die Armee aus dem Norden?

Bis auf weiteres, vielleicht noch auf lange Zeit, besitzt die Armee aus dem Norden die Macht. Werden die Befehle aber von der Führung in Hanoi erteilt?

Diese Frage hängt auch mit der Aufteilung der Einwohner des Landes in Nord- und Südvietnamesen zusammen. Eine solche Aufteilung läßt sich kaum durchführen. Viele von denen, die dem Führungskollektiv im Norden angehören, sind Leute aus dem Süden, die im Jahre 1954 in den Norden fuhren, in dem Glauben, daß sie nach zwei Jahren wieder zurückkehren würden. So war es ja im Genfer Abkommen niedergelegt. Das Land sollte nicht permanent, sondern nur einstweilig geteilt werden, bis zu den allgemeinen Wahlen in ganz Vietnam.

Erst jetzt können sie zurückkehren. Ein Teil wird vielleicht im Norden bleiben. Sind sie nun Südvietnamesen oder Nordvietnamesen? Ist die

Frage überhaupt von Bedeutung?

Was von Interesse ist, ist: Wird das sozialistische System sich auf den Süden ausdehnen? Wird es in dem Fall für das ganze Land ein einheitliches System geben?

Ganz bestimmt. Das Land soll ja wiedervereinigt werden. Sogar die Vereinigten Staaten haben ja in feierlichen Abkommen der Wiedervereinigung des Landes zugestimmt.

Der Sozialismus im Norden ist stark. Er gründet sich auf die starke traditionelle vietnamesische Gesellschaftsform, in der die Dorfgemeinschaft und die Solidarität die grundlegenden Prinzipien sind. Diese Gesellschaft ist in höchstem Maß autark.

Als die Amerikaner die Dörfer Südvietnams bombardierten und die Ernten der Felder mit Gift besprühten, war es ein Versuch, die traditionelle bäuerliche Gesellschaft zu zerschlagen. In einer solchen Gesellschaft gibt es eine Tradition des kämpferischen Widerstands. Von dort konnte die Befreiungsbewegung ihre Leute rekrutieren. Von dort zogen die jungen Männer hinaus als Guerillasoldaten, wenn das Dorfkollektiv es verlangte.

Die Vereinigten Staaten versuchten, durch «forced urbanization» und «food denial» die Grundlagen für die Stärke der Befreiungsbewegung zu zerstören. In den wachsenden Städten sollten die Amerikaner unter den Arbeitslosen Soldaten rekrutieren können, neue Lebensideale sollten die alten ersetzen.

Es war eine Konfrontation von zwei Gesellschaftsformen: Die starke traditionelle Gesellschaft gegen die abhängige Konsumgesellschaft nach Saigoner Modell.

In einem wiedervereinigten Vietnam wird das Muster der traditionellen Gesellschaft das herrschende sein. Das bedeutet, daß viele Menschen aus dem übervölkerten Saigon wegziehen müssen, um Arbeitsplätze in der Landwirtschaft zu besetzen.

Das Land wird aber auch industrialisiert werden. Der Handel wird sich entwickeln. Südvietnam hat schon Handelsverbindungen mit Ländern, die die PRR anerkannt haben. Ein solcher Handel ist sicherlich notwendig, um das ganze bestehende System aus westlich gebauten Fabriken und Kommunikationen zu erhalten.

Der Sozialismus aus dem Norden wird sich gewiß auf den Süden ausdehnen. Die vietnamesische Politik der Selbständigkeit in Verbindung mit den Voraussetzungen, die jetzt im Süden bestehen, kann aber ein zukünftiges Vietnam hervorbringen, das mit den sozialistischen Ländern, die wir heute kennen, keine Ähnlichkeit haben wird.

Nordvietnam hat genau wie die PRR nicht zuletzt für eine vietnamesische Gesellschaft, für vietnamesische Kulturideale gekämpft. In dem Kampf hat man im Norden wie im Süden dieselbe Zielsetzung, gemeinsame Ideale gehabt.

Man kann, wenn man will, behaupten, daß der Kommunismus in Vietnam gesiegt hat. Es ist nicht unrichtig.

Man kommt aber vielleicht der Wahrheit näher, wenn man sagt, die vietnamesische Gesellschaft hat gesiegt.

Aus dem Schwedischen von Thyra Feil

März 1975
Blutige «Frontbegradigung» in Vietnam
Washingtons politische Passivität deutet auf geistige Erschöpfung hin
Von unserem Korrespondenten Carlos Widmann

(*Süddeutsche Zeitung* vom 24. März 1975)

Delhi, 23. März

Die fremden doch vertrauten Namen machen wieder Schlagzeilen: Quang Tri, Pleiku, Kontum, Hue. Es sind Namen, die vertraute und immer gleiche Bilder ins Gedächtnis rufen, Bilder von Blut und Leichen, von Dreck und Ruinen und vom aufwendigen Gerümpel des Krieges. Tausende amerikanischer Familien, Zehntausende von vietnamesischen verbinden mit diesen Namen die Erinnerung an einen gefallenen Sohn, Ehemann oder Vater, der dort jene Stellung hielt, jenen Hügel im Sturm nahm, jene Pagode zurückeroberte und dabei ums Leben kam. Verbissen, mit pausenlosem Bombeneinsatz, mit den neuesten Errungenschaften der Waffentechnik, mit vielen Dollarmilliarden sind diese Städte und Provinzen sieben Jahre lang von Amerika gehalten worden. Jetzt machen Nordvietnamesen und Vietcong kurzen Prozeß, bald werden die vertrauten Namen aus den Schlagzeilen verschwunden sein – für immer.

Dennoch ist dies *nicht* die Großoffensive, das Losschlagen an allen Fronten, die «Stunde der Wahrheit», die den führenden Männern in Saigon und Washington als Alptraum auf der Seele liegt. Die stupende Geschwindigkeit, mit der die Kommunisten sich neun Provinzen angeeignet haben – und der ebenso schnelle, gut vorbereitete Rückzug der Truppen Präsident Thieus – deuten vielmehr auf eine Entwicklung hin, auf die sich beide Seiten schon vor längerem eingestellt hatten: Nordvietnamesen und Vietcong arrondieren ihren Machtbereich, indem sie in jenen Gebieten, wo sie bisher schon die Landbevölkerung kontrollierten, nun auch die Städte sich einverleiben; und das Thieu-Regime setzt im großen fort, was schon seit mehr als einem Jahr im kleinen geübt wurde, nämlich die «Frontbegradigung nach hinten», den Rückzug auf halbwegs gesicherte Gebiete . . .

Amerika schaut hilflos zu. Während Kissinger noch den Nahen Osten bereiste, verbreiteten Sprecher des State Department die Drohung, man werde die Pariser Verträge als nichtig betrachten – «inoperative», wie es im elenden Verschleierungsjargon noch aus der Ära Nixon heißt. Aber was bedeutet das schon? Ein zages Winken mit dem Bombenknüppel, die Andeutung der Möglichkeit eines neuen amerikanischen Engagements, der Wille zu einem vertragswidrigen Aufstocken der Militärhilfe für Thieu? Was immer daran ernst zu nehmen ist (wenig, denn die Bürger der USA, die nächstes Jahr zu den Wahlurnen gehen, wollen von Indochina wohl nichts mehr wissen): Nordvietnam schert sich kaum noch um das, was Amerika tut oder unterläßt. Die Passivität der US-Außenpolitik in Indochina, das Fehlen jeder Initiative Washingtons, um die Lon-Nol-Clique aus dem Weg zu räumen und Thieu an die Pariser Verträge zu binden, deuten auf geistige Erschöpfung hin.

Vom großen Krieg zum Babylift
Von Dietrich Mummendey*

«Sie sind Zeugen des historischen Augenblicks gewesen, in dem sich die Bevölkerung von Saigon-Gia Dinh zusammen mit der Befreiungsarmee erhoben hat, um ihre Hauptstadt zu befreien.»

Mit diesen Worten gab uns Saigons neuer Militärgouverneur, Generaloberst Tran Van Tra, in seiner einzigen Pressekonferenz die offizielle Version dessen, was am 30. April 1975 geschehen war.

Ich war Zeuge. Aber von dem, wovon General Tra sprach, sah ich nichts.

Denn der Volksaufstand – jener alte Traum der Kommunisten in Südvietnam – blieb bis zum letzten Tage des Kriegs eine Legende, und der Volkskrieg der Vietcong spielte seit Jahren keine Rolle mehr. Wir waren Zeuge gewesen des Sieges einer von Moskau und Peking bis an die Zähne bewaffneten regulären Armee.

Den so oft glorifizierten Kämpfern der Volksbefreiungsarmee hatte Hanoi nicht einmal eine symbolische Rolle im Endsieg zugedacht: die Panzer, die am 30. April 1975 durch das Tor des Präsidentenpalais in Saigon rollten, um die Kapitulation entgegenzunehmen, waren die einer regulären nordvietnamesischen Division.

Auch die Funktionäre, die kurz darauf begannen, in den Ministerien in Saigon das Kommando zu übernehmen und die Beamten des alten Regimes mit Interviews und Fragebogen zu durchleuchten, kamen nicht aus dem Dschungelhauptquartier der Vietcong, sondern aus Hanoi.

Die «Provisorische Revolutionsregierung der Republik Südvietnam» (PRR) selbst, unter deren Banner dieser Krieg geführt worden war, schien plötzlich nur noch ein Phantom zu sein. Zum Erstaunen aller in Saigon blieb sie nach dem Sieg zunächst völlig unsichtbar und tauchte später nur in einer kurzen Gastrolle auf. Die einzige in Saigon nach dem Regimewechsel erlaubte Lokalzeitung «Saigon Giai Phong» (Befreites Saigon) erwähnte sie nicht. Ihre Minister wurden erst nach zwei Wochen, zur Siegesparade am 15. Mai, auf der Ehrentribüne vorgezeigt und erschienen am selben Abend noch einmal zum Festempfang. Danach verschwanden sie wieder von der Bildfläche wie ein Mitternachtsspuk.

Die Macht in Saigon hat zur Stunde, da dies geschrieben wird, immer noch das «Militärische Management-Komitee» der nordvietnamesischen Armee. Sein Vorsitzender, General Tran Van Tra, ist gebürtiger Südvietnamese, aber seinem Rang nach stellvertretender Generalstabschef in Hanoi und alternierendes Mitglied im Politbüro der nordvietnamesi-

* Dietrich Mummendey schreibt im «Tagesspiegel».

schen kommunistischen «Lao-Dong-»(Arbeiter-)Partei.

Offenbar erhielt General Tra seine Instruktionen von Anfang an nicht von der PRR, sondern direkt von Hanoi. Öffentliche Verordnungen wurden meist auch zunächst über Radio Hanoi verbreitet und erst dann über den Sender der «Befreiungsfront».

All das bestärkt die alte Theorie, daß die «Provisorische Revolutionsregierung» nie etwas anderes war, als eine Fassade, die Hanois Krieg gegen Saigon das nötige südvietnamesische Lokalkolorit gab.

Und was wir im April 1975 erlebten, war nicht der Sieg einer einheimischen Aufstandsbewegung, sondern der Sieg der professionellen Armee eines festgefügten, hochorganisierten kommunistischen Staates – Nordvietnam. Zweifellos einer Armee, deren Soldaten nicht nur dem Drill eiserner Disziplin folgten, sondern auch von ihrer patriotischen Aufgabe überzeugt waren: den Süden zu befreien.

Aber Hanoi hatte seit Jahren erkannt, daß der Kommunismus für die Südvietnamesen nicht mehr attraktiv genug war, um den Krieg zu gewinnen, die Vietcong-Armee zu schwach. Im Süden fanden die Vietcong seit langem nicht genügend Rekruten mehr, um ihre Verluste aufzufüllen. Seit Jahren kamen 70 bis 80 Prozent der Soldaten in den «Vietcong-Regimentern» ebenfalls aus Nordvietnam.

Was wir im April 1975 in Südvietnam erlebten, war der für jeden (einschließlich Hanois) unerwartet schnelle Zusammenbruch eines Regimes und seiner Armee, die sich im Augenblick der entscheidenden Konfrontation von ihrem einzigen Verbündeten – Amerika – verlassen sahen. Ein Zusammenbruch, der mehr die Folge eines psychologischen Schocks, als verlorener Schlachten war; eines Schocks, der die ganze Bevölkerung traf und eine Lawine der Panik und Verzweiflung auslöste, die nicht mehr aufzuhalten war. Ein Zusammenbruch allerdings, in dem sich die Schwächen des Regimes, die Unfähigkeit und Verantwortungslosigkeit eines großen Teils seiner Führungsschicht, vom Offizierskorps bis zum Präsidenten selbst, so fatal offenbarten, wie nie zuvor.

Aber selbst zu diesem Zeitpunkt der Auflösung des alten Regimes, der Auflösung der Armee, gab es noch keinen «Volksaufstand». Im Gegenteil: wie wenig die Masse der Bevölkerung den Zusammenbruch als Auftakt zur «Befreiung» sah, bewies dramatisch der Exodus der Millionen, die überall in Südvietnam vor den nachrückenden Kommunisten flohen. Selbst wenn es bei vielen weniger die artikulierte Angst vor dem Kommunismus, als irrationale Panik war, so war die wilde Flucht sicher kein Beweis für die Popularität der Vietcong.

Spätestens zur Zeit des Waffenstillstands von 1973 waren die meisten Vietnam-Kenner überzeugt, daß die Kommunisten bei wirklich freien Wahlen weniger Stimmen bekommen würden, als ihre Genossen in Italien und Frankreich – keine 20 Prozent.

Auch die Kommunisten wußten offenbar recht genau, wie gering ihre

Chancen waren, im freien politischen Wettbewerb zu bestehen. Jedem in Vietnam war deswegen 1973 klar, daß Hanoi sich nicht durch die Klauseln des Waffenstillstandsvertrags hindern lassen würde, seine militärische Stellung in Südvietnam weiter auszubauen.

Die von den Kommunisten bis zum Ende – und ironischerweise noch danach – geforderte «korrekte Durchführung des Pariser Vertrags» sahen sie stets nur als Mittel zum Zweck: den Gegner durch immer neue Konzessionen zu schwächen, ohne selbst etwas zuzugestehen, was der eigenen Stärke abträglich war. Was «korrekt» war, variierten die Kommunisten im übrigen bis zum letzten Tag je nach Bedarf.

Nicht nur Präsident Thieu erkannte ganz klar, daß ein Waffenstillstand, der den Kommunisten politische Konzessionen gab, aber 150000 nordvietnamesische Soldaten im Land beließ ohne Garantie gegen weitere Infiltration, für das nichtkommunistische Südvietnam Selbstmord war.

So rannten sich die politischen Verhandlungen zwischen Saigon und Vietcong nach dem Waffenstillstand sehr bald fest. Jede Seite versteifte sich auf jene Klauseln im Vertrag, durch die sie begünstigt zu sein schien. Den Kommunisten ging es um die Priorität des «Nationalen Versöhnungsrats» und der «demokratischen Freiheiten», das heißt um die Möglichkeit, sich in Saigons Zone politisch zu betätigen. Saigon sah in dem «Versöhnungsrat» eine verkappte Nebenregierung und verlangte Verhandlungen über das gesamte Pariser «Paket», mit Vorrang freier Wahlen und «Reduzierung der Streitkräfte», das heißt, den Abzug der nordvietnamesischen Armee.

Die Politik geriet in eine Sackgasse, der Krieg brannte mit kleiner Flamme weiter: scheinbar ein Gleichgewicht, das den Status quo auf lange Sicht versprach.

Zur Zeit des Waffenstillstands schien Saigon sogar in der stärkeren Position zu sein. In den ersten Monaten besetzte seine Armee eine Reihe exponierter kommunistischer Flecken im «Leopardenfell». Sie selbst gab einige isolierte Vorposten unter dem Druck des Gegners auf. Die Invasion von 1972 hatte der nordvietnamesischen Armee schwere Verluste und nur Gebietsgewinne von scheinbar geringer Bedeutung eingebracht. Die Masse der Bevölkerung wurde von Saigon kontrolliert; das Terrain der Kommunisten war meist unwegsames, unfruchtbares und dünnbesiedeltes Hinterland.

Doch mit diesem Hinterland hatten die Nordvietnamesen erneut die Aufmarschgebiete besetzt, aus der die Amerikaner und Südvietnamesen sie in den Jahren zuvor schrittweise verdrängt hatten – gefährliche Ausgangspositionen für die nächste kommunistische Offensive, die trotz des Waffenstillstands kam.

Denn trotz dieses Waffenstillstands und ungestört von amerikanischem Bombardement und der «Internationalen Kontrollkommission» (die nie Zutritt in diese Aufmarschgebiete erhielt) pumpte Hanoi ein Maximum an Truppen, Panzern, Artillerie und anderem Kriegsgerät nach Südvietnam. In den Bergdschungeln entlang der Grenze mit Laos und Kambodscha bauten nordvietnamesische Pioniere den alten Ho-Tschi-Minh-Pfad zu einer mehrspurigen Allwetterstraße aus, bauten Treibstoff-Pipelines von Nordvietnam bis ins Gebiet nördlich von Saigon. Riesige Munitionsdepots wurden im ganzen Land angelegt und mit radargesteuerter Flak und sowjetischen SAM-Raketen umringt.

Während so die Kommunisten in Südvietnam mit sowjetischer und chinesischer Hilfe aufgerüstet wurden, versiegte nach und nach der amerikanische Nachschub für Saigon. Die südvietnamesische Luftwaffe, bei Waffenstillstand die siebtstärkste der Welt, erhielt ab Mai 1974 keine Ersatzteile mehr. Sie war 1975 nur noch mit höchstens der Hälfte ihrer Maschinen einsatzbereit. Bomben, Artilleriegeschosse und die Handgranaten der Infanteristen waren rationiert.

Das Schlimmste war, daß Saigons Armee und Bevölkerung genau wußte, warum dies so war: die Diskussion um die amerikanische Vietnam-Hilfe spielte sich in aller Öffentlichkeit ab. Je mehr Hanoi den Krieg wieder anheizte, desto deutlicher wurde, daß auch auf die oft beschworene amerikanische Vergeltung kein Verlaß mehr war.

Auch Hanoi kalkulierte den mangelnden amerikanischen Hilfswillen in seine Kriegspläne ein: der fehlende Nachschub und die Vietnam-Müdigkeit des US-Kongresses habe Saigon geschwächt und seine Armee demoralisiert und biete damit eine «günstige neue Gelegenheit», instruierte Hanoi bereits im Herbst 1974 seine Politkader und Offiziere in Südvietnam.

Es war von Anfang unwahrscheinlich gewesen, daß Hanoi sein Ziel aufgeben würde, den Süden ganz zu erobern. Im nachhinein ist es noch unverständlicher, als es den meisten von uns in Saigon bereits zur Zeit des Waffenstillstands war, daß Henry Kissinger je ernsthaft glauben konnte, das Pariser Abkommen sei durchführbar. Unverständlich die Hoffnung, ein politischer Kompromiß sei möglich; unverständlich die Hoffnung, die nordvietnamesische Armee (die nicht einmal ihre Präsenz eingestand) würde sich irgendeiner Überwachung unterwerfen; unverständlich die Hoffnung, die «Internationale Kontrollkommission» würde weniger ohnmächtig als ihre Vorgängerin sein.

Das einzige, worauf Kissinger vernünftigerweise hoffen konnte, war, daß Moskau und Peking im Interesse weltweiter Entspannung Hanoi zurückhalten würden, war, daß Hanoi aus Furcht vor einem angedrohten amerikanischen Vergeltungsschlag nicht noch einmal aufs Ganze gehen würde.

Tatsächlich baute Nordvietnam kurz vor Beginn seiner letzten Offensive im Sommer 1974 in Hanoi und anderen Städten erneut seine Luftverteidigung auf. Bis in die letzten Tage suchten Hanois Freunde in der

«Kontrollkommisssion», Polen und Ungarn, bei Journalisten und anderen in Saigon Antwort auf die kritische Frage: «Schickt Amerika seine Bomber, wenn Hanoi zum Frontalangriff auf Saigon ansetzt?»

Aber entweder hielten Moskau und Peking Hanoi nicht zurück, oder Hanoi kümmerte sich nicht um ihren Rat. Jedenfalls lieferten beide im Gegensatz zu Amerika ihrem Verbündeten das nötige Kriegsmaterial. Amerikas «Abschreckung» indes hatte längst ihre Glaubwürdigkeit eingebüßt.

Bis zum Sommer 1974 war man in Saigon noch der Ansicht, Hanoi werde höchstens Einzelaktionen unternehmen, um seine Position zu verbessern, aber zur «großen» Offensive käme es nicht. Und wenn, so rechnete man für Saigon eine «vernünftige» Chance aus, dem Ansturm zu widerstehen.

Doch als ich im Januar 1975 nach halbjähriger Abwesenheit zurückkam, antwortete mir ein bisher chronisch optimistischer «Falke» des westlichen militärischen Establishments in Saigon auf die Frage, wie es weitergehen sollte, düster-dramatisch mit einem einzigen Wort: «Götterdämmerung!»

Die Katastrophe wurde schließlich ausgelöst durch Präsident Thieus plötzlichen Befehl zum kampflosen und überstürzten Rückzug aus dem Hochland und aus der ehemaligen Kaiserhauptstadt Hué. Sechs Wochen später waren die Kommunisten in Saigon.

Konfrontiert mit einem Aufmarsch, der wenig Zweifel an Hanois Absichten ließ, konfrontiert mit der Weigerung des US-Kongresses, Südvietnam auch nur 300 Millionen Dollar Zusatzhilfe zu gewähren (weniger als das, was einmal eine Woche im amerikanischen Vietnam-Krieg gekostet hatte), zog Thieu die Notbremse. Bereits im Januar hatten die Kommunisten eine ganze Provinz erobert; im März fiel die größte Stadt im Hochland, Ban Ne Thuot – Amerika rührte sich nicht. Um seine Armee nicht in unhaltbaren Stellungen im dünnbesiedelten Hochland zu verschleißen, gab Thieu den Rückzugsbefehl.

Doch völlig unerwartet, schlecht vorbereitet und schlecht durchgeführt, endete der Rückzug im Chaos und kostete Saigon die halbe Armee. Fast eine Million Zivilisten schlossen sich dem Treck an, der sich über mehr als fünfzig Kilometer durch die Bergdschungel wand. Die Führung versagte, Offiziere verließen ihre Truppe, Soldaten zogen ihre Uniformen aus.

In Hué widersetzte sich der kommandierende General dem Rückzugsbefehl. Doch auch dort waren Armee und Bevölkerung bereits von der allgemeinen Panik infiziert. Hunderttausende von fliehenden Zivilisten und Soldaten verstopften die Straße nach Süden, als die nordvietnamesische Armee zur Küste durchstieß und den Verteidigern von Hué den Rückzug abschnitt. Ein Teil rettete sich in Booten übers Meer. Doch dasselbe wiederholte sich, um vieles schlimmer, weiter südlich in Da

Nang, Südvietnams zweitgrößter Stadt.

Drei Divisionen, darunter die Elitetruppen Südvietnams, die Marineinfanterie, die 1972 in zähem Kampf Quang Tri zurückeroberte, lösten sich in Panik auf, bevor der Angriff auf Da Nang überhaupt begann. Überfüllt von einer Million Flüchtlingen, in Chaos aufgelöst, fiel die einst waffenstarrende Festung der ersten Militärregion fast kampflos den vorrückenden Nordvietnamesen zu.

Zehntausende Zivilisten und Soldaten stürmten in blinder Furcht Flugzeuge und Schiffe, hängten sich an startende Maschinen und fielen ins Meer, schwammen zu den Booten, trampelten einander tot – ein Exodus, der sich nun entlang der ganzen Küste fortsetzte, wo in schneller Folge eine Stadt nach der anderen fiel.

Die südvietnamesische Armee fing sich zu einem letzten, sinnlosen Widerstand in der Stadt Xuang Loc, 75 Kilometer vor Saigon. Aber während dort noch gekämpft und gestorben wurde, hatten nordvietnamesische Panzer Xuang Loc schon umgangen und rollten weiter auf Saigon zu. Von Westen und Südwesten schloß sich gleichzeitig der Ring. In der letzten Woche vor dem Fall war Saigon von fünfzehn nordvietnamesischen Divisionen mit Panzern, schweren Geschützen und SAM-Raketen umringt – eine Übermacht von fast fünf zu eins.

In Saigon verdichtete sich indes die Furcht vor dem Untergang. Wer konnte, verließ das Land; hohe Summen wurden für Exitvisa bezahlt; Töchter aus guten Familien boten Ausländern Geld, um zu heiraten und zu fliehen; andere sprachen Fremde auf der Straße an: «Ich höre, Sie sprechen deutsch. Ich habe im Malteser-Hospital in Da Nang gearbeitet. Bitte, bringen Sie mich hier heraus!»

Die Panik wurde angeheizt von düsteren Warnungen aus Amerika. US-Verteidigungsminister Schlesinger sprach von einem befürchteten «Blutbad», dem bis zu einer Million Vietnamesen zum Opfer fallen könnten, wenn die Kommunisten in Südvietnam siegten. Präsident Ford machte Hoffnung auf die Evakuierung von mehr als hunderttausend – und man begann mit dem Abtransport der am wenigsten Gefährdeten: einiger tausend Klein- und Kleinstkinder aus Waisenhäusern – dem berühmt-berüchtigten «Babylift».

«Vom Weltpolizisten zur Kinderamme», kommentierte bitter ein Vietnamese, der das Bild Präsident Fords sah, der ein vietnamesisches Baby von einer US-Air-Force-Maschine trug.

Von da ab erschien Amerikas Rolle in Vietnam nur noch eine Karikatur der feierlichen Erklärungen und der Opfer von einst: während Washingtons Botschafter und andere Präsident Thieu zum Rücktritt drängten, flog eine Armada von Chartermaschinen tagelang Beamte und Chauffeure, Minister und Freudenmädchen aus dem belagerten Saigon nach Manila und Guam. Zum Schluß genügte die eidesstattliche Erklärung irgendeines Amerikaners als Legitimation zur Flucht.

Der Krieg war verloren. Thieu trat zurück und floh ebenfalls. Sein Vizepräsident und Nachfolger Huong machte Platz für den neutralistischen Ex-General Duong Van Minh – genannt «der große Minh», weil er mit ein Meter achtzig für einen Vietnamesen ein Riese ist. Minh hatte sich seit langem für einen Kompromiß mit den Kommunisten eingesetzt.

Es war die letzte Hoffnung auf einen Kompromiß. Schließlich hatten die Kommunisten immer wieder erklärt, sie kämpften nur für die «korrekte Durchführung des Pariser Vertrags». Sie hatten Verhandlungen in Aussicht gestellt für den Fall, daß Thieu zurücktreten und von einer Regierung ersetzt werden würde, die «wahrhaft für Frieden, Unabhängigkeit, Demokratie und nationale Eintracht eintritt und sich ernsthaft an die Pariser Verträge hält».

Den Amtsantritt des «Friedenspräsidenten» Minh beantworteten die Kommunisten mit einem Trommelfeuer von Raketen und Artillerie auf Saigons Wohnviertel und den Flughafen Tan Son Nhut. Minhs Verhandlungsangebote lehnten sie ab. Sie verlangten die völlige Auflösung von Saigons Polizei und Armee, Saigons völlige Distanzierung von Amerika – kaum Klauseln aus dem Pariser Vertrag.

In einer letzten verzweifelten Konzession befahl «Big» Minh am 29. April den sofortigen Abzug aller Amerikaner, einschließlich des gesamten Botschaftspersonals. Der amerikanische Sender in Saigon strahlte sein letztes Programm aus – das vereinbarte Geheimsignal zur Flucht: «Die Temperatur in Saigon beträgt 105 Grad Fahrenheit und steigt», tönte es alle fünfzehn Minuten aus den Lautsprechern, worauf Bing Crosby immer wieder sein berühmtes Weihnachtslied sang – «I'm dreaming of a white Christmas ...»

Aber der Exodus war nicht mehr geheim. Die Parole hieß: rette sich, wer kann! Amerikaner und andere Ausländer strömten mit eilig zusammengerafftem Fluchtgepäck zu den Sammelplätzen, von denen die Hubschrauber starteten, den ganzen Tag über und die Nacht hindurch, von Tennisplätzen und Häuserdächern, von Menschenmengen umringt. Panikergriffene Vietnamesen suchten die hohen Mauern der amerikanischen Botschaft zu stürmen, auf deren Dach ein Landeplatz war. Die ganze Nacht durch zogen die blinkenden roten Positionslichter der Hubschrauber wie eine endlose Spirale aus der Stadt in den Himmel und hinüber zur See, wo die 7. US-Flotte wartete. Am Horizont explodierten die Munitionsdepots von Cu Chi und Tan Son Nhut: der letzte Angriff rollte bereits ...

Auf dem Dach der amerikanischen Botschaft und auf anderen Dächern standen noch Hunderte Vietnamesen am nächsten Morgen und warteten in verzweifelter Hoffnung, nachdem der letzte Hubschrauber längst abgeflogen war. Doch die Evakuierung hatte kaum begonnen, da stürmte Saigons Mob Büros, Kantinen, Warenlager und Apartments der fliehenden Verbündeten: Whisky und gefrorene T-Bone-Steaks, Radios und

Möbel, bis zum Toilettenbecken zerrten sie alles heraus – eine letzte Orgie im amerikanischen Konsum-Paradies, die makabre Leichenfledderei des US-Engagements in Vietnam.

Mit der Flucht der Amerikaner sackte Saigon in sich zusammen wie ein angestochener Luftballon. Polizei und Armee, der Staat, hatten sich praktisch bereits von selbst aufgelöst. Ein Teil des Generalstabs war geflohen, mit den Amerikanern oder auf eigene Faust. Die Ministerien und die Verwaltungsbüros standen leer. Mehrere tausend Militärs und Beamte, viele mit ihren Familien, hatten in den letzten Tagen 140 Maschinen der südvietnamesischen Luftwaffe requiriert und waren damit ins benachbarte Thailand geflohen. Am Morgen nach dem amerikanischen Exodus zogen Soldaten in kleinen Trupps durch die Stadt, ohne Waffen, ihre Habe im Rucksack, manche mit Frauen und Kindern – auf dem Wege nach Haus.

Die Straßen leerten sich, wie sie es tun, wenn ein Unwetter kommt. Wer noch unterwegs war, schien auf der Flucht: mit Koffern und Bündeln, in Autos und auf Fahrräder gepackt. Saigon bereitete sich auf den Untergang vor.

Doch der Untergang fand nicht statt.

Um 10 Uhr 24, morgens am 30. April verkündet Radio Saigon die bedingungslose Kapitulation; anderthalb Stunden später rollen die nordvietnamesischen Panzer durch das Tor des Palais. Am Flughafen gibt es noch einen letzten, sinnlosen Widerstand: sechs kommunistische Panzer und eine Häuserreihe werden zerstört. Doch in der Stadt reißen sich die Soldaten fliehend die Uniformen vom Leib. In wenigen Stunden ist alles vorbei.

Saigon erwacht wie aus einem Alptraum, nachdem der Schock der plötzlich auftauchenden Panzer, der Einmarsch Tausender Soldaten, die die ganze Stadt überschwemmen, fast ohne Blutvergießen überstanden ist. Es ist, als atme die ganze Stadt hörbar und erleichtert auf.

Saigon begrüßt die Sieger: man winkt zaghaft den jungen Soldaten in ihren olivgrünen, zu weiten Uniformen und grünen Tropenhelmen zu – sie winken mit einem fast verlegenen Lächeln zurück. Es ist, als seien sie über ihren eigenen plötzlichen Sieg erstaunt, darüber einfach so in diese Stadt hineingerollt zu sein nach so vielen Jahren Krieg. Später sitzen sie am Straßenrand, mit Erwachsenen und Kindern im Gespräch. Die Furcht scheint verschwunden zu sein; der Frieden, so lange unerreichbar, ist auf einmal greifbar nah.

Für Saigons Jugend ist es wie eine Cowboy-Show: sie rasen durch die Straßen auf Beute-Jeeps, mit amerikanischen M-16-Gewehren, Vietcong-Fahnen und geballter Faust. Viele von ihnen trugen noch gestern Uniformen der Volksmiliz des alten Regimes, haben noch heute morgen mit denselben Gewehren Autos nach «Vietcong-Agenten» durchsucht.

In einigen Stadtvierteln herrscht echte Begeisterung: in Gia Dinh feiern junge Mädchen mit roten Armbinden am blütenweißen Ao-Dai die Befreiung: «Unsere Väter und Brüder haben seit Jahren mit der Befreiungsfront gekämpft», erzählt uns eine von ihnen aufgeregt.

Aber Saigon gerät kaum außer Rand und Band, tanzt nicht auf den Straßen, wie Paris es beim Einmarsch der Alliierten tat. Saigon wartet ab.

Doch zunächst verändert das alte Saigon nur langsam sein Gesicht: Schon einen Tag nach dem Einmarsch der Sieger ist das Leben in der Stadt nach außen wieder normal. Die Geschäfte sind wieder geöffnet, die Märkte sind wieder mit Waren gefüllt. Selbst der Schwarzmarkt floriert mit der enormen Beute aus geplünderten amerikanischen Wohnungen und den Warenlagern des «P-X».

Auf der Tu-Do-Straße stehen die indischen Tuchhändler wieder vor ihren Läden, und in einer Handvoll französischer Restaurants serviert man wieder Chateaubriand und Beaujolais.

Im «Bó-Da» sitzen wieder dieselben langhaarigen Teenager in amerikanischen T-Shirts mit ihren Freundinnen über dem Eiskaffee, und auf der Terrasse des legendären Hotel Continental schnattern sogar wieder die Freudenmädchen mit den letzten Fremden, die nicht mit den Amerikanern geflohen sind. Gestern wollten sie noch Selbstmord begehen, wenn die Kommunisten kämen, heute sind sie schon wieder im Geschäft.

Die Händler am Markt, die Mädchen, die Inder und der Patron im Restaurant wissen: sie leben auf geliehene Zeit. Doch die Revolution tastet sich nur langsam an die Südvietnamesen. Saigon ist erstaunt, wie großzügig die Sieger sind: das von den Amerikanern beschworene Blutbad findet nicht statt; auch eine Verhaftungswelle von «Kollaborateuren» gibt es nicht. Vielleicht einmal später, wenn die Schraube angezogen wird.

Generale, Offiziere, höhere Beamte und andere Prominente des alten Regimes müssen sich zwar registrieren lassen, müssen Fragebogen ausfüllen und werden kurz verhört: «Aber außerordentlich höflich, ohne jeden Hochmut und Siegerstolz», erzählt ein ehemaliger Saigoner Diplomat, der den Zeitpunkt zur Flucht verpaßte, sich einige Tage versteckte und schließlich zaghaft wieder zum Vorschein kam. Doch ein paar Wochen später schickt man ihn mit anderen auf einen revolutionären «Umerziehungs-Kursus», der einen Monat dauern soll.

Versöhnung ist die offizielle Parole. Doch die «demokratischen Freiheiten des Volkes» nach Artikel 11 des Pariser Vertrags, die die Kommunisten immer wieder vom Thieu-Regime für die Befreiungsfront verlangten, werden jetzt den Bedürfnissen des neuen Staates angepaßt. Jenen, die für die Amerikaner und ihre «Marionetten» arbeiteten, wird verziehen, «aber wer versucht, sich der Revolution zu widersetzen oder sie zu sabotieren, wird streng bestraft», warnt deutlich das Radio der Befreiungsfront.

Statt der Pressefreiheit des Artikel 11 gibt es nur noch «revolutionäre»

Zeitungen in Saigon, und drei Wochen nach der «Befreiung» wird Saigons Schuljugend zur ersten Bücherverbrennung von «amerikanisch-imperialistischer» und anderer «entarteter» Literatur organisiert.

Statt der «Freiheit der politischen Tätigkeit» des Pariser Vertrags werden jetzt alle politischen Parteien aufgelöst. Auch für die von den Kommunisten zuvor so umworbene, nichtkommunistische «Dritte Kraft», die sich zwischen Thieu und die Vietcong stellte, ist kein Platz mehr im «befreiten» Südvietnam. Die nationale Versöhnung hat sich von selbst erledigt, seit es die «erste Kraft», das Thieu-Regime, nicht mehr gibt.

Die Vertreter der ehemaligen nichtkommunistischen Opposition machen sich über ihre politische Zukunft auch kaum eine Illusion: «Wir wechseln von einer Welt in eine völlig andere», umschreibt vorsichtig einer der prominentesten ehemaligen Oppositionsabgeordneten und engsten Mitarbeiter «Big» Minhs die neue Situation. Vor ein paar Wochen sprach er noch von der Möglichkeit, daß sich die Nichtkommunisten in einer Koalition mit den Kommunisten behaupten könnten. Jetzt erklärt er:

«Ich habe volles Vertrauen in das neue Regime. Das ist eine einmalige Chance der nationalen Versöhnung. Wir sind stolz, daß der Machtwechsel so glatt vonstatten gegangen ist. Zum erstenmal fällt es mir leicht, meinem elfjährigen Sohn zu erklären, was Vietnam ist. Und die meisten meiner Generation, die jetzt 30 bis 35 Jahre alt sind, sind voll und ganz bereit, sich zur Verfügung zu stellen für den Aufbau eines neuen Vietnams.»

Er hat einmal eine der lebhaftesten Oppositionszeitungen redigiert, die Thieu dann verbot. Wird er sich an die Reglementierung des Kommunismus gewöhnen können, die kommen muß? Er nickt nur kurz. Oder spricht er bereits so, weil ich Ausländer bin? Ich kenne ihn seit sechs Jahren. Doch als ich vorhin in sein kleines Haus in der engen Gasse am Stadtrand kam, empfing er mich zunächst mit sichtlicher Verlegenheit. Drei Wochen nach der «Befreiung» fühlen sich viele in Saigon nicht mehr frei genug, mit Ausländern gesehen zu werden. Früher kam er zu mir ins Hotel zum Frühstück und schimpfte ausgiebig über Thieu – jetzt lehnt er meine Einladung zum Essen in der Stadt dankend ab.

Es gibt genügend Anzeichen, daß die Reglementierung des Alltagslebens beginnt: in jedem Straßenzug werden «Revolutionskomitees» etabliert, mit Blockwarten und Helfern, oft Untergrundveteranen der Befreiungsfront. Sie registrieren jeden einzelnen, aber machen auch ein genaues Inventar des Familienbesitzes: vom Bankkonto bis zur Nähmaschine, zum Radio und Fotoapparat.

Die Nachbarschaftskomitees sorgen auch dafür, daß die nötige Begeisterung über die Befreiung kundgetan wird: «Unter Thieu wurden 500 Piaster pro Person bezahlt, damit die Leute für die Regierung marschierten – jetzt genügt ein Wort», meint sarkastisch ein vietnamesischer Journalist.

Ebenso räsonieren wenige, wenn das in jeder Fabrik prompt gegründete Revolutionskomitee die gesamte Belegschaft zur Siegesparade mit Fähnchenschwenken, Spruchbändern und Ho-Tschi-Minh-Bildern organisiert – antreten morgens um halb fünf! Man ist keineswegs subtil: «Alle, die dem alten Regime gedient haben, dürfen ebenfalls an den Kundgebungen teilnehmen. Aber wer versucht, die Feierlichkeiten zu sabotieren, wird streng bestraft», verkündet ominös das Kommuniqué, das die Bevölkerung Saigons zur Siegesparade am 15. Mai aufruft.

Aber auch die Revolutionskomitees sind noch provisorisch, wie vorläufig alles in Südvietnam. Es fehlt ihnen an Kadern, ihr Eifer ist unterschiedlich. Es fehlt der Befreiungsfront anscheinend überhaupt an einer festgefügten politischen Infrastruktur. Es gibt weniger Vietcong, als man angenommen hat:

«Ich hatte damit gerechnet, daß mindestens zehn Prozent von unseren über hundert Lehrern und Sozialhelfern sich als Vietcong entpuppen würden», berichtet der Leiter einer Sozialhilfe-Organisation. «Aber kein einziger war dabei.»

Die Kommunisten sind in der Tat eine klare Minderheit in dieser Stadt, deren Bewohner sich nun mißtrauisch fragen, was ihnen die Zukunft bringen wird.

Der Mangel an zuverlässigen Genossen im Süden mag der Grund dafür sein, daß die nordvietnamesische Armee und nicht die mysteriöse «Provisorische Revolutionsregierung» zunächst das Heft in der Hand behält. Außerdem sind Zeitplan und Modalitäten für die angestrebte Wiedervereinigung mit dem Norden anscheinend noch nicht festgelegt.

Mittlerweile jedoch wird Saigon unter dem «Militärischen Management-Komitee» des Generals Tra ohnehin praktisch von Hanoi regiert. Vieles weist darauf hin, daß die Wiedervereinigung schneller als erwartet bewerkstelligt werden soll. Die «Provisorische Revolutionsregierung» könnte dabei nur ein Hindernis sein.

Doch die neuen Herren sind pragmatisch genug, nichts übers Knie zu brechen. Eine plötzliche Gleichschaltung mit Nordvietnams Sozialismus würde nicht nur erhebliche Unzufriedenheit unter den von der Konsumgesellschaft verdorbenen Südvietnamesen erregen. Die gesamte Wirtschaft des Landes würde wahrscheinlich dadurch ins Chaos gestürzt.

Eine Kommission aus Hanoi, so heißt es, hat inzwischen festgestellt, daß Wirtschaftssystem und politisch-soziale Einstellung der Südvietnamesen von denen im Norden noch verschiedener, als man glaubte, sind. Aber sofern sie überhaupt darüber sprechen, lassen Hanois Funktionäre keinen Zweifel daran, daß man die 19 Millionen Südvietnamesen über kurz oder lang in eine sozialistische Gesellschaft nach dem Vorbild Nordvietnams umformen will. Wer die Südvietnamesen kennt, kann sich nicht vorstellen, daß dies ohne Widerstand und Zwang geschehen kann.

Ich habe Südvietnam dreißig- oder vierzigmal in den letzten achteinhalb Jahren besucht. Ich habe die Klagen über die Korruption in Armee und Verwaltung in allen Variationen gehört; habe mit Bauern gesprochen, deren Dörfer abwechselnd «pazifiziert» wurden und «befreit». Ich habe Saigons Soldaten kämpfen gesehen und fliehen. Ich habe Überläufer und Flüchtlinge, Politiker und Studenten interviewt. Nur wenige hatten viel übrig für Nguyen Van Thieu. Viele wollten nach fast dreißig Jahren Krieg Frieden um jeden Preis. Doch die meisten zogen – Frieden vorausgesetzt – das Thieu-Regime immer noch den Kommunisten vor. Das relative «Laisser-faire» dem strikten Reglement.

Diese Umwandlung der südvietnamesischen Gesellschaft wird weitgehend unter Ausschluß der Weltöffentlichkeit vor sich gehen. Denn die Zeiten, da Hunderte von ausländischen Journalisten praktisch nach Belieben in allen Ecken Südvietnams herumstöbern konnten, sind vorbei. Von 117 Korrespondenten, Fernsehjournalisten und Fotografen, die Saigons «Befreiung» erlebten, reisten dreieinhalb Wochen später rund neunzig freiwillig aus. In den nächsten drei Wochen wiesen die Kommunisten zwölf jener, die bleiben wollten, aus. Neue Einreisevisa wurden bisher nicht erteilt.

Eine Handvoll Journalisten stand auf der «Schwarzen Liste» des alten Regimes, wenige davon permanent. Aber selbst viele jener, deren überaus kritische Einstellung bekannt war, ließ man immer wieder nach Saigon, und für ein Land im Kriege war Südvietnams Pressepolitik überaus liberal. Beschränkungen und Zensur in den meisten Demokratien im letzten Weltkrieg waren strenger, und sind es heute noch in Israel. In Nordvietnam tut ein Journalist keinen Schritt ohne seinen offiziellen Begleiter. Im alten Südvietnam setzte man sich in ein Taxi und fuhr ins Land, sprach mit Dorfchefs oder mit Regimentskommandeuren an der Front. Inzwischen sind Reisen außerhalbs Saigons ohne Erlaubnis bereits untersagt.

Im alten Südvietnam führte uns Pater Chan Tin entlassene politische Gefangene vor und klagte die Regierung an. Wir werden nichts darüber erfahren, wenn das neue Südvietnam die Gefängnisse mit seinen Gegnern füllt.

Ho-Tschi-Minh-Stadt – zwanzig Jahre zu spät
Von Serge Thion*

Saigon hatte sich nicht sehr verändert. Ich kehrte jetzt, Anfang März 1975 dorthin zurück, um einige Recherchen durchzuführen – fünf Jahre nach meinem letzten Aufenthalt. Die Freude, diese vertraute Stadt wiederzufinden, vermehrte sich um das etwas beunruhigte Erstaunen, sie so wenig verändert zu finden. In der Zwischenzeit hatten die Amerikaner ihre Streitkräfte evakuiert, und die Stadt hatte das Aussehen eines befestigten Heerlagers verloren, das ihr die Stacheldrahtverhaue, die elektrischen Generatoren und die Wachtposten verliehen hatten, die das Vorhandensein amerikanischer «Compounds» mitten in der Stadt kennzeichneten. Man sah nicht mehr diese gigantischen GIs in ihren albernen Uniformen, mit einer kleinen Kodak vor dem Bauch, durch die rue Catinat (neuerdings: Straße der Freiheit, Tu Do) ziehen. Die scheußlichen Lastwagen, die, von fetten, schmierigen Flegeln gesteuert, vom Hafen heraufgekommen waren, verbreiteten nun keinen Terror mehr in den Straßen, durch die Zehntausende japanischer Mopeds flitzten, mitunter ganze Familien im Sattel. Auch diese Mopeds waren irgendwie verschwunden. Der Preis für das Benzin, das sogar aus Militärdepots entwendet und von Gassenjungen flaschenweise an der Straßenecke verkauft wurde, hatte die alten Fahrräder wieder auftauchen lassen.

Der schwindelerregende Preisanstieg hatte der Stadt eine fünf Jahre zuvor unvorstellbare Nüchternheit aufgeprägt, mit der sich wohl das abzeichnete, was sich heute eingebürgert hat. Sogar gute Bürger, Angestellte und Beamte, gerieten in Verlegenheit: manche hatten ihr Auto «aufgegessen», viele hatten die Zahl der Gänge bei Tisch verringert, und die Familien waren durch arbeitslose Verwandte angewachsen.

Viel hoffnungsloser hingegen war die Unbeweglichkeit der politischen und militärischen Situation. Trotz der Pariser Verträge und des Abzugs der amerikanischen Truppen hielten die gleichen politischen Figuren mit den gleichen finanziellen Tricks ihre Stellung und führten den gleichen Krieg mit Mitteln, die sich immerhin verringert zu haben schienen. Der Flugplatz von Tan Son Nhut wirkte fast verödet, verglichen mit dem unaufhörlichen Reigen von Militärmaschinen, die ihn fünf Jahre zuvor zu einem der zwei oder drei, hinsichtlich der Verkehrsdichte größten Flughäfen der Welt gemacht hatten. Die relative Ruhe, die auf dem Land herrschte, ließ daran denken, die Heftigkeit des Krieges habe in gewissem Maß nachgelassen. Die Besetzung der Provinz Phuoc Long, Anfang des Jahres, mochte wohl als eine Schwächung der Saigoner Armee gedeutet werden, doch auch als ein Manöver Thieus, mit dem er dem amerikani-

* Serge Thion beobachtete den Vietnam-Krieg für «Le Monde Diplomatique».

Mai 1975
Ho-Chi-Minh-Sandalen sind in Saigon letzter Schrei

(*Die Welt* vom 10. Mai 1975)

Robert Alexander, Saigon
Vor einer Woche wurde in den Straßen Saigons geschossen, Furcht breitete sich aus. Dann fuhren Tanks vor dem Präsidentenpalast auf. Heute bevölkert eine mehr als zehntausendköpfige fahnenschwingende Menschenmenge den Garten und den Park vor dem Palast, der jetzt mit einem riesigen Porträt Ho Chi Minhs geschmückt ist.

Schulmädchen in weißseidenen Aodais (vietnamesisches Nationalkleid) und leuchtend roten Bändern schwenken die blaurote Flagge mit dem gelben Stern der Befreiungsfront. Frauen tragen Transparente mit Aufschriften wie «Frieden» und «Ewige Liebe zu Ho Chi Minh». Man sieht Soldaten der Befreiungsarmee, dazwischen Guerillas mit Dschungelhüten und scheckigen Uniformen. Appetitlich gekleidete kleine Mädchen mit roten Halstüchern halten Blumensträuße in den Händen und laufen auf den Balkon des Palastes, wo das «militärische Verwaltungskomitee» die Bevölkerung Saigons, jetzt Ho-Chi-Minh-Stadt, grüßt.

Dieses Komitee übt jetzt die Macht in Saigon aus. Die provisorische Revolutionsregierung hat sich noch nicht in der Stadt niedergelassen. So wurde bisher auch noch keine politische Entscheidung von Bedeutung gefällt. Eine Woche nach der bedingungslosen Kapitulation durch das alte Regime ist ein Alptraum vorbei, Panik und Furcht sind gewichen. Saigon wirkt äußerlich wie früher – doch nur fast so. Die Straßen sind voll von Hondas, langhaarige Teenager sitzen wieder in den Cafés, die Journalisten trinken wieder ihren Gin and Tonic auf der Terrasse des Hotels Continental.

Aber Rangers und Marines mit ihren enganliegenden Uniformen sind von den Straßen verschwunden; an ihrer Stelle sind die Soldaten der Befreiungsfront. Sie sitzen vor den Erfrischungsständen, umgeben von jung und alt, erzählen ihre Erlebnisse.

Im Souvenirladen auf der anderen Straßenseite werden noch immer die schlecht gemalten Landschaftsbilder und Brieftaschen aus Elefantenhaut verkauft. Aber die Porträts von «Onkel Ho» sind jetzt ein Knüller. Die Waren aus den amerikanischen PX-Läden wurden verhökert, nachdem die letzten Amerikaner in der vergangenen Woche geflüchtet waren. Jetzt blüht der Handel mit neugenähten blau-roten Flaggen der Befreiungsfront. Ein cleverer Schuster bietet etwas Besonderes: aus alten Reifen macht er «authentische» Ho-Chi-Minh-Sandalen und verkauft sie auf der Straße.

schen Kongreß Angst machen und ihn verpflichten wollte, bedeutende Kredite zu bewilligen. Phuoc Long war Teil einer nicht weit von Saigon gelegenen Zone, die seit dreißig Jahren eine Bastion der Aufständischen gewesen war und die selbst die großen amerikanischen Operationen der Jahre 1966–67 nicht hatten zerstören können.

Die Saigoner Administration ließ eine gewisse Unruhe erkennen, zwar nicht für den Augenblick, aber für die kommenden Jahre. Die Reserven an Munition und Ausrüstung waren noch sehr beträchtlich (größer jedenfalls als man öffentlich eingestehen wollte), doch die Preissteigerungen und das Schweigen der amerikanischen Parlamentarier ließen langfristig eine Verringerung der Kredite vorhersehen. Für Thieu, der sich nur im Amt halten konnte, indem er an seine Militärs und Polizisten Geld verteilte, war es eine lebenswichtige Frage.

Die Kriegsgegner waren stärker geknebelt denn je. Viele Zeitungen waren verschwunden – die Saigoner Presse war ohnehin nicht sehr mutig –, und viele meiner Freunde waren ins Gefängnis gewandert. Übrigens ging es ihnen dort ganz gut, und sie waren, dank der mächtigen Organisation der Befreiungsfront, die dort natürlich auch Fuß gefaßt hatte, besser über die Geschehnisse im Lande informiert als der Mann auf der Straße. Die Neutralisten der Dritten Kraft wiederholten hartnäckig, einzig die umfassende Anwendung der Pariser Verträge könne diesem Bürgerkrieg ein Ende setzen. Da sich keine klare Veränderung im Gleichgewicht der Kräfte abzeichnete, war kaum zu erkennen, wie die Situation sich dahin entwickeln sollte. Die amerikanischen Berater hingegen setzten ihre bürokratische Kleinarbeit fort und waren auf allen wichtigen Ebenen der Verwaltungsmaschinerie präsent. Nachdem sie den Großteil ihrer Archive evakuiert hatten, schienen sie gelassen zu sein und bereit, auf ewig dazubleiben.

Bei meiner Ankunft in Saigon hatte die Schlacht um Ban Ne Thuot gerade begonnen. Sie war sogar schon beinah beendet, aber dies wußten wir nicht. Die Auflösung der Garnison, die von stark dezimierten Kräften angegriffen worden war, geschah so plötzlich und so schnell, daß der Generalstab in Saigon etliche Tage verheimlichen konnte, was geschehen war. Nach und nach erfuhr man es: der Sturm war von «Montagnards» geführt worden (eine Information, die Paul Léandri ein «Verhör» durch die Polizei eintrug). Im Durcheinander, das dem Angriff folgte, wurde der Standortkommandant in dem Augenblick von den Angreifern festgenommen, als er im Begriff stand, einen Hubschrauber zu besteigen, der ihn abzuholen gekommen war. Seine eigenen Soldaten ließen es geschehen, ohne einzuschreiten. Der Helikopter war nicht ihretwegen gekommen ... Und mit einem gut vorbereiteten Handstreich erbeutete die Befreiungsfront -zig Lastwagen, Panzerwagen und Artilleriegeschütze, zwei intakte Helikopter und fünf Milliarden Piaster. Die Bedeutung dieser sehr kurzen Schlacht ist hervorzuheben, denn zweifellos hat das

Schicksal dieses alten Kolonialstädtchens, das isoliert, inmitten von Kaffeeplantagen im Besitz ehemaliger Soldaten des französischen Expeditionskorps auf dem Hochplateau liegt, die neue Strategie bestimmt, die zum Fall Saigons führen sollte.

Vielleicht sollte man auch, der historischen Bedeutung wegen, die Rolle festhalten, welche die «Montagnards» bei diesem Vorgang spielten. Vertrieben, ausgebombt, als Söldner rekrutiert, haben die «Montagnards», die nicht vietnamesischer Volkszugehörigkeit sind, sehr unter dem Krieg gelitten. Ethnologen sprechen, wie ich erfuhr, von 40 bis 50 % Verlusten an Menschenleben bei den verschiedenen Stämmen. Die amerikanische Politik entsprach dem, was wir heute «Ethnozid» nennen. Manche «Montagnards» wollten autonome Widerstandsgruppen zusammen mit der FULRO (Front uni de lutte des races opprimées) begründen, aber die Intrigen der amerikanischen, französischen, khmer- und vietnamesischen Nachrichtendienste führten dazu, daß die letzten Truppen der FULRO sich um 1972 dem Saigoner Regime anschlossen. Die massive Beteiligung von Montagnard-Truppen beim Sturm auf Ban Ne Thuot war also Zeichen für einen Gesinnungswandel bei dieser vom Krieg aufgeriebenen Volksgruppe. Erinnern wir uns auch daran, daß einige Montagnard-Stämme die ersten waren, die sich 1959 mit der Waffe in der Hand gegen die Diktatur des Ngo Dinh Diem erhoben. So sollte diese geschichtliche Randgruppe den ersten und den letzten Akt der Tragödie Indochinas einläuten ...

Versuchen wir mit den bruchstückhaften Informationen, die wir besitzen, die Ursachen der Entscheidungen Thieus nach Ban Ne Thuot zu rekonstruieren, so erhalten wir folgendes Lagebild: die Verkehrsverbindungen auf dem Hochplateau sind bedroht; die strategische Reserve von einigen tausend Mann Kampftruppen kann nicht wirksam eingesetzt werden. Andererseits müssen Treibstoff und Munition gespart werden; zwei Drittel der Luftflotte sind, mangels Wartung, nicht funktionsfähig. Überlassen wir also dem Vietcong die weiten, (beinah) menschenleeren Landstriche der Hochebenen und sichern wir die Verteidigung der reichen, dichtbevölkerten Küstenebenen. Aber wenn wir den Befehl geben, den Rückzug vorzubereiten, wird der Vietcong sofort gleichziehen und Hinterhalte anlegen. Geschieht die Rückzugsbewegung rasch, dann wird die von ihm gestellte Falle sich ins Leere schließen und unsere intakten Streitkräfte werden das «nützliche» Vietnam besser verteidigen können.

Offenbar wurde ein solches Manöver seit Ende 1974 von manchen amerikanischen Beratern vorgeschlagen. Für sie stand fest, daß die Hochplateaus, als natürliche Fortsetzung von Laos und des Ho-Tschi-Minh-Pfads, nur durch ein intensives Bombardement zu halten waren, was die Umstände jedoch nicht mehr erlaubten. Wir wissen aus sicherer Quelle, daß Thieu dem Kommando der zweiten Militärregion persönlich den Rückzugsbefehl gab und verlangte, ihn sofort auszuführen. Jene Mitglieder des Generalstabs, die auf dem laufenden waren, vermieden jeden Anschein, an dieser Entscheidung beteiligt zu sein.

Was folgte, gehört nicht mehr zur militärischen Strategie, sondern vielmehr, wie man sagen könnte, zur Soziologie der Korruption. Tatsächlich führte diese, prinzipiell in ihrer Tragweite beschränkte Maßnahme dazu, daß die von den Amerikanern seit 1954 mühselig aufgebaute politisch-militärische Struktur Stück um Stück einstürzte. Zunächst fragen wir uns, wo dabei die Armee und ihr Kampfwert blieben.

Nimmt man den Fall eines «normalen» Regiments in einer «normalen» Division, so ist erst einmal festzustellen, daß viele Soldaten abwesend sind. Gegen ein bescheidenes Entgelt und die Einbehaltung ihres Solds zugunsten der Offiziere stellen sie sich jeden Monat bei ihrer Einheit ein, um ihre Vier-Wochen-Urlaubsscheine abzuholen. Im Fall einer Kontrolle gibt es immer eine kleine Zeitspanne, die es ermöglicht, einen Eilboten mit dem Auftrag loszuschicken, durch die Stadt zu fahren und die Abwesenden für die Zeit einer Inspektion zusammenzuholen. Der Soldat lebt im Lager mit seiner Familie, sofern er es nicht vorzieht, fortzugehen, um mit ihr zusammenzuziehen. Hat er Kinder, so bezieht er um die 20000 Piaster (25 US-Dollar) und ein General etwa 100000. Mit dieser Summe muß man auskommen. Der einfache Soldat kann von einem so geringen Sold kaum leben, denn die Preise sind sehr gestiegen. Für einen einzigen Sack Reis von 100 kg müßte er seinen ganzen Monatssold ausgeben.

Die Offiziere, die etwas mehr erhalten, haben auch einen etwas luxuriöseren Geschmack, denn sie gehören zwangsläufig zur Bourgeoisie. Um Offizier zu werden, muß man sogar das Abitur haben, das einer ganz beschränkten Elite vorbehalten ist. In dieser Armee findet man daher kriegserfahrene Truppen mit Unteroffizieren, die manchmal zwanzig oder dreißig Jahre im Felde sind, und die von jungen Stutzern ohne jede Erfahrung kommandiert werden. Seit langem schon haben die Heeres-«Psychologen» der amerikanischen Botschaft festgestellt, daß die F.L.N., ganz einfach unter dem Gesichtspunkt des individuellen sozialen Aufstiegs, den Bauern und den Armen viel größere Möglichkeiten bietet. Doch sie konnten nie erreichen, daß die herrschende Klasse Vietnams eine, wenn auch nur beschränkte Erneuerung der militärischen Elite durch die Verleihung von Dienstgraden je nach Fähigkeit akzeptiert hätte.

Auch geschieht es häufig, daß die Soldaten bei Kampfhandlungen Hühner und Reissäcke, Transistoren und Bettdecken usw. an sich bringen, die sie weiter verkaufen, wenn sie dafür keine Verwendung haben. Die Panzerfahrer sind in der günstigsten Position, da sie auch sperrigere Gegenstände, Fernsehgeräte, Mopeds usw. transportieren können. Hubschrauber, die Truppen abgesetzt haben, kehren nicht leer zurück. Die Offiziere erheben ihren Zehnten.

Die Artilleristen verkaufen Munitionskästen, Verpackungsmaterial und die Kupferhülsen der Geschosse, die sie abfeuern. So ist jede Salve rentabel. Die Piloten wiederum lassen sich für gefährliche Missionen bezahlen, aber sie sind bemüht, hoch genug zu fliegen, um den SAM-7 auszuweichen. Den Bombardements fehlt es daher an Präzision, und Einheiten, die von armen oder geizigen Offizieren kommandiert werden, laufen Gefahr, Schutz und Unterstützung zu verlieren. In diesem Fall, wenn sie unbedingt zurückweichen müssen, vermeiden sie gefährliche Zonen und machen dem Kommando per Funk falsche Angaben über ihre wirkliche Stellung. Viele Flugzeuge funktionieren nicht, weil Werkzeuge oder einzelne Teile verkauft wurden. Ein andermal ist es der Treibstoff. Man findet ihn beim Straßenhändler wieder, denn er ist an der Färbung zu erkennen.

Beim Aufbruch zu Kampfhandlungen läßt der Bataillonsführer, der seine Truppen in der Nachhut begleitet, große Umsicht walten, sofern nicht ein örtliches stillschweigendes Abkommen mit der anderen Seite besteht, was bei kleinen, etwas isolierten Garnisonen, vor allem im Delta, häufig der Fall ist. Er muß wissen, daß seine Soldaten nur da sind, weil ihnen nichts anderes übrigbleibt. Erweist die Lage sich als zu gefährlich, dann riskiert er, ganz allein auf dem Platz zu bleiben. Doch andererseits muß er scharf rechnen. Wenn ihm bei einem Geplänkel einige Waffen des Gegners in die Hand fallen, so vermeidet er, sie alle in seinem Rapport zu erwähnen. Besser, man hält einige zurück, die man eines Tages melden kann, wenn man es vorzieht, klug zu sein und die Feindberührung zu vermeiden. Die Soldaten, die völlig im Bilde sind, wissen diese elementare Weisheit anzuerkennen. Bei den aus abgehärteten Totschlägern bestehenden Stoßtrupps betrachten die Männer die Armee eher als Mittel zum Überleben. Es kommt sogar vor, daß alte Soldaten sich weigern, aus dem Dienst zu scheiden, so sehr fürchten sie das Elend, das sie zweifellos im zivilen Leben erwartet. All dies jedoch hängt von einer Bedingung ab: daß die Artillerie und die Bomber einen im Ernstfall schützen.

Die Kettenreaktion war folglich sehr einfach: als die Offiziere den Rückzugsbefehl erhielten, glaubten sie sich in ernster Gefahr und trachteten nur danach, sich mit ihren Familien zu retten. Die Disziplin war zusammengebrochen, die Soldaten bemächtigten sich der verfügbaren Transportmittel und brachten ihre Familien darin unter, soweit sie dazu Zeit fanden. Dies sahen die Beamten, die Polizisten, die Händler, deren Eltern, Vettern, Schwäger, und stürzten sich in Massen auf die Landstraßen. Wir kennen das Weitere – und die Leiden, die sie unterwegs, manchmal ohne Nahrung und ohne Wasser, ertragen mußten. An anderen Orten, in Hué, in Da Nang, an der Küste verbreitete sich der Zusammenbruch der Disziplin wie ein Steppenbrand. Die Jahre der Korruption hatten das Terrain gut vorbereitet. Die antikommunistische

Propaganda ebenfalls: manchen Flüchtling packte wirres Entsetzen bei der Vorstellung, die Kommunisten würden jedermann den Hals abschneiden.

Blieb die Verteidigung Saigons. Dorthin warf Thieu seine letzten Reserven, die Stoßtruppen, die er vor der Niederlage von Hué abgezogen hatte, um sich gegen einen möglichen Militärputsch abzusichern. Es war eine klassische Schlacht. Die nordvietnamesischen Divisionen hatten das Terrain sorgfältig vorbereitet, schwere Artillerie zusammengezogen und wußten äußerst präzise über alle Ressourcen und alle Manöver des Gegners Bescheid. In den Generalstäben der Saigoner Divisionen gab es seit Jahren einige gut placierte Offiziere, die die Befreiungsfront mit Nachrichten versorgten. Einen davon kannte ich gut; er brauchte eine Stunde, um mit dem Moped von Long Thanh herüberzukommen und seine Karten und Dokumente einem als kleine Boutique getarnten Büro zu übergeben. Ich stelle mir vor, daß eine oder zwei Stunden später ein anderer Moped-Kurier sie an den Empfänger weiterbeförderte. Das Spiel war gefährlich, aber diese kurzen Abwesenheiten wurden im allgemeinen nicht bemerkt.

Es ist wohl keine zu kühne Behauptung, wenn man sagt, daß die Befreiungsfront durch die Entwicklung der Ereignisse beinah ebenso überrascht war wie die internationale öffentliche Meinung. Die Direktiven für das Jahr 1975, die gegen Ende letzten Jahres in der Befreiungsfront verbreitet wurden, sahen eine Reihe von lokalen Offensiven vor, die zweifellos die militärische Endphase vorbereiten sollten. Diese Hinweise wurden auch durch politische Kontakte bestätigt, welche die Front mit gewissen Saigoner Politikern unterhielt und aus denen hervorging, daß nur eine militärische Initiative die Situation in Bewegung bringen und die, wenn auch nur unilaterale Anwendung der Pariser Verträge herbeiführen könne. Dies ist es übrigens, was geschah, seitdem ganze Provinzen unter ihre Kontrolle gerieten: nachdem die proamerikanische Rechte verschwunden war, setzte die P.R.G. Komitees ein, die sich aus Militanten der Befreiungsfront, neutralen Persönlichkeiten und einigen, zur Mitarbeit bereiten, bekannten Persönlichkeiten der Saigoner Administration zusammensetzten.

Vor Saigon bestand folgendes Dilemma: sollte man mit Panzern einfahren und jede Bezugnahme auf die Verträge und die Bildung einer Dreiparteien-Koalitionsregierung aufgeben, oder aber mit der Waffe bei Fuß warten, bis in der Hauptstadt des Südens sich eine Regierungsmannschaft bildete, die ernstlich gewillt wäre, den Konflikt zu beenden und mit den Kommunisten zusammenzuarbeiten. Diese zweite Lösung schien eher der Politik, wie die Befreiungsfront sie seit langem, besonders seit der Veröffentlichung ihres Programms 1967 verfolgte, sowie auch den besonderen Problemen zu entsprechen, vor denen die Gesellschaft Südvietnams steht, die weniger einheitlich und fragmentierter ist als die des

Zentrums oder des Nordens.

Diese Analyse, die auch ich bis zum letzten Tag vertrat, hat sich als falsch erwiesen. Viele politische Köpfe in Vietnam waren ebenfalls überrascht und zugleich erleichtert bei dem Gedanken, daß die Schlacht um Saigon nicht stattfände. Es muß sich also ein Grund für die Wahl der militärischen Lösung finden, und dieser ist, wie ich glaube, in der Geschichte der vietnamesischen Revolutionsbewegung selbst zu suchen. Als Ho Tschi Minh am 2. September 1945 die Unabhängigkeit Vietnams proklamiert, versucht er mit den schwachen Kräften, die ihm zur Verfügung stehen, das Schicksal zu zwingen, oder wie Paul Mus sagt, das «Mandat des Himmels» zu ergreifen, das kein anderer zu erhalten geeignet scheint. Doch die Weltordnung ist so beschaffen, daß alle Großmächte wiederkehren und schon bald auf dem indochinesischen Schauplatz aufeinandertreffen.

Der harte Kampf, der im Dezember 1946 ausbricht, führt zu jener halben Lösung, welche die Verträge von Genf 1954 darstellen. Die vietnamesischen Revolutionäre gewinnen aufgrund des neuen, aus dem Kalten Krieg hervorgegangenen Gleichgewichts der Welt nur über die Hälfte ihres Territoriums die Souveränität. Heute wissen wir besser, welche Pressionen von sowjetischer Seite auf die vietnamesischen Führer ausgeübt wurden. Diese wiederum empfanden es als notwendig, gewisse soziale Errungenschaften des revolutionären Prozesses zu stabilisieren. Auf alle Fälle handelte es sich um eine Etappe mit sehr wichtigen Folgen: der Abzug der Franzosen und ihres Expeditionskorps. Im Prinzip hätten im folgenden Jahr Wahlen stattfinden und zur Wiedervereinigung des Landes führen müssen. Die vietnamesische Nation ist eine einzige, selbst in den Augen der eifrigsten Parteigänger des Westens. Es war um so wahrscheinlicher, daß der Vietminh obsiegen würde, wie auch die Amerikaner, die offen das Erbe der Franzosen angetreten hatten, nichts tun würden, um diese Wahlen herbeizuführen, die doch von den Verträgen, die zu unterzeichnen sie schließlich abgelehnt hatten, vorgesehen waren.

Wir wissen, wie der Krieg seit 1960 nach und nach wieder einsetzte und wie wir, nachdem die Amerikaner eingesehen hatten, daß sie keinen militärischen Sieg erreichen würden, zu den Pariser Verträgen gelangten. Für die Revolutionäre war dies eine weitere Etappe, ein neues Genf, wo sie viel stärker sein würden und das ein ähnliches Resultat hatte: den Abzug fremder Truppen.

Seit mindestens zehn Jahren zweifelte niemand daran, daß die wichtigste politische Kraft des Landes die Führung der Kommunisten war. Ohne Bürgerkrieg hätte sie sich durchgesetzt, weil sie sogar in den Augen der Mehrzahl ihrer Gegner, die Legitimität der Proklamation von 1945 trug. Ohne ausländische Einmischung hätte sie diese Kraft schon zwanzig Jahre früher bewiesen. Die Pariser Verträge sahen eine Art Teilung der politischen Macht – vielleicht zeitweilig – zwischen Prokommunisten und Proamerikanern vor, während die Neutralisten im Lande nur eine geringe reale Bedeutung hatten. Vor den Toren Saigons angekommen, mochten die revolutionären Führer diese neue Etappe akzeptieren, die auf noch unbestimmte Zeit die politische (und finanzielle) Einmischung einer fremden Macht absegnete, oder sich diese Etappe ersparen, um ans Ziel zu gelangen: die vollkommene und endgültige Ausschaltung fremder Einflüsse.

Gewiß gab es einige Bedenken. Zwei Wochen vor dem Ende wurden verschiedene neutralistische Persönlichkeiten angesprochen und aufgefordert, sich an der neuen Delegation zu beteiligen, die in La Celle-Saint Cloud mit der Befreiungsfront über die Einrichtung einer Koalitionsregierung verhandeln sollte. Militärischer Druck durfte nicht dazu dienen, die Bewegung zu beschleunigen. Wahrscheinlich war es die bis zur letzten Stunde gewahrte Haltung Thieus, die dieses Kalkül durchkreuzte. Die Amerikaner zeigten damit, daß sie nicht an Kompromißformeln interessiert waren. Sicher ist aber auch, daß diese Analyse ein Jahr zuvor von der P.R.G. und Hanoi angestellt worden war: die Unredlichkeit der Amerikaner würde es verhindern, das Dreiecksspiel zu spielen, und die Koalitionsregierung würde aus zwei Komponenten bestehen.

Viele Beobachter stellen sich die Frage, wann die Wiedervereinigung stattfinden wird. Ich glaube, dieses Problem ist überholt, weil es durch den Einmarsch der revolutionären Kräfte nach Saigon gelöst wurde. Gewiß gibt es gesellschaftliche Unterschiede zwischen dem Norden und dem Süden, auch Anpassungsprobleme, aber das Wesentliche ist, daß hinfort ein einziger politischer Wille besteht, um sie zu lösen. Alles übrige ist nur Formsache.

Vor etlichen Jahren hatte ich, im Anschluß an Gespräche mit Verantwortlichen der Befreiungsfront, den Eindruck, daß sie nicht die unmittelbare Nachfolge der Amerikaner anzutreten wünschten. Es erschien ihnen ganz natürlich, daß es eine Übergangsphase gäbe, um die ungeheure Masse der Saigoner Armee zu demobilisieren, die öffentliche Ordnung aufrechtzuerhalten und den Mangel zu beheben, den das Ausbleiben der amerikanischen Hilfe sicherlich hervorrufen würde. Die Umstände haben darüber anders beschlossen, aber eine Phase des Übergangs bleibt notwendig. Man muß wissen, daß die gesellschaftliche Organisation im Gebiet des Mekong-Deltas, dessen Hauptstadt Saigon ist, sich von der des übrigen Landes unterscheidet, die lange Zeit durch die zwischen der Dorfgemeinschaft und der Institution des Kaisertums bestehenden komplementären Beziehungen gekennzeichnet war. Vietnam ist durch eine langsame, vom Staat streng kontrollierte Bevölkerungswanderung nach Süden, in die schmalen Küstenebenen des Zentrums entstanden. Aber die Kolonisation des von Kambodschanern dünn besiedelten Mekong-Deltas geschah erst kürzlich (im 18. Jahrhundert) und auf etwas anarchische Art. Dort findet man nicht den ausgeprägten Gemeinschaftssinn –

und den gemeinschaftlichen Landbesitz –, der die Dörfer der älteren Gebiete charakterisiert. Dort breitete sich die Kolonisation auch zuerst aus, wobei sie den Rückzug der kaiserlichen Administratoren bewirkte. In diesem von den Franzosen «Chochinchina» genannten Landesteil konnte sich der im übrigen Land unbekannte Großgrundbesitz entwikkeln. Am Vorabend des 2. Weltkriegs besaßen einige Grundbesitzer mehr als tausend Hektar Reisfelder, die von proletarisierten Bauern bestellt wurden. Die vietnamesische Bourgeoisie etablierte dort eine Macht, die nur vom Vietminh, und dann, nach 1945, vom Vietcong in Frage gestellt wurde.

Sie versuchte denn auch, nach 1954, auf dem Land wieder Fuß zu fassen und ist zu einem guten Teil für das Wiederaufleben des Konflikts verantwortlich. Sodann stifteten die gewaltigen, von den Amerikanern entfesselten Zerstörungskräfte Chaos, indem sie Millionen Menschen, die vor dem Krieg und seinen Schrecken flohen, in die Flüchtlingslager und Wellblechstädte der Hauptstadt drängten. Jahre der ideologischen Bearbeitung von der einen oder anderen Seite haben dazu beigetragen, die Verwirrung der Geister zu steigern, vor allem bei den jungen Generationen, die in eine Welt ohne Bezüge, ohne Moral, ohne andere Regeln als die des Sichdurchschlagens hineingeboren wurden. Man könnte ganze Bücher füllen mit beklagenswerten kleinen Geschichten, die vom Verfall der Familie und der Tradition in Vietnam erzählen.

Die besten Bewahrer dieser Traditionen, und dies wird nur denjenigen verwundern, der den Vietnamesen nicht begegnet ist, waren und bleiben die Revolutionäre. Diese haben unglaubliche Opfer auf sich genommen, Erschöpfung, Hunger, Trennung von der Familie, alltäglichen Tod. Sie sind nicht unfehlbar, sie haben Irrtümer begangen und werden vielleicht weitere begehen, aber sie haben sich den Respekt quasi der gesamten Bevölkerung erworben, selbst wenn viele Menschen weiterhin uneins mit ihnen sind. Wenn das Land durch sie, die so geschickt die Mechanismen der vietnamesischen Gesellschaft zu beobachten und zu nutzen wußten, sich selbst wiederfinden kann, dann ist das Experiment für alle, die mit dieser großartigen Zivilisation Vietnam verbunden sind, zweifellos den Versuch wert. Gewiß führt der sich eröffnende Weg zu einer Form des Kommunismus, ohne daß es schon möglich wäre, dessen Gestalt zu präzisieren. Dies mag man als Glück oder Unglück beurteilen. Aber was mich betrifft, der ich Gelegenheit hatte, mit den Vietnamesen viele Freuden und viele Ängste, ihre Pho-Schalen und auch einige Bomben zu teilen, ich glaube, daß einige Befriedigung in dem Gedanken liegt, daß zum erstenmal seit 112 Jahren, zwei Monaten und achtzehn Tagen der Fremdherrschaft die Vietnamesen, indem sie Saigon zurückeroberten, zu Herren ihres eigenen Schicksals geworden sind.

Aus dem Französischen von Nils Th. Lindquist

Karte von Indochina

Herausgegeben von Freimut Duve

Politik in der Bundesrepublik

HEINRICH ALBERTZ / HEINRICH BÖLL / HELMUT GOLLWITZER u. a. ›Pfarrer, die dem Terror dienen‹? Bischof Scharf und der Berliner Kirchenstreit 1974. Eine Dokumentation [1885]

CARL AMERY / JOCHEN KÖLSCH (Hg.) Bayern – ein Rechts-Staat? Das politische Porträt eines deutschen Bundeslandes [1820]

KARL-HERMANN FLACH / WERNER MAIHOFER / WALTER SCHEEL Die Freiburger Thesen der Liberalen [1545]

ERICH FRISTER / LUC JOCHIMSEN (Hg.) Wie links dürfen Lehrer sein? [1555]

NORBERT GANSEL (Hg.) Überwindet den Kapitalismus oder Was wollen die Jungsozialisten? [1499]

MARTIN GREIFFENHAGEN (Hg.) Der neue Konservatismus der siebziger Jahre [1822]

VOLKER MAUERSBERGER (Hg.) Wie links dürfen Jusos sein? Vom Bürgerschreck zur Bürgerinitiative [1769]

RUDOLF SCHARPING / FRIEDHELM WOLLNER Demokratischer Sozialismus und Langzeitprogramm. Diskussionsbeiträge zum Orientierungsrahmen '85 der SPD [1713]

HANS SEE Volkspartei im Klassenstaat oder Das Dilemma der innerparteilichen Demokratie. Nachwort von Wolfgang Abendroth [1576]

JOACHIM STEFFEN Krisenmanagement oder Politik? [1826]

THESENSTREIT UM ‹STAMOKAP› Die Dokumente zur Grundsatzdiskussion der Jungsozialisten [1662]

Soziale Konflikte

PRODOSCH AICH (Hg.) Da weitere Verwahrlosung droht... Fürsorgeerziehung und Verwaltung. Zehn Sozialbiographien aus Behördenakten [1707]

AUTORENKOLLEKTIV PRESSE Wie links können Journalisten sein? Mit einem Vorwort von Heinrich Böll [1599]

ULRICH EHEBALD Patient oder Verbrecher? Strafvollzug provoziert Delinquenz. Gutachten zum Fall N. Vorwort: Gerhard Mauz [1501]

JUGENDARBEITSLOSIGKEIT Materialien und Analysen zu einem neuen Problem. Hg. von Sybille Laturner und Bernhard Schön [1941]

MARIOS NIKOLINAKOS Politische Ökonomie der Gastarbeiterfrage. Migration und Kapitalismus [1581]

KARL H. PITZ Das Nein zur Vermögenspolitik. Gewerkschaftliche Argumente und Alternativen zur Vermögensbildung [1709]

PETER RATH (Hg.) Trennung von Staat und Kirche? Dokumente und Argumente [1771]

JÖRG RICHTER (Hg.) Die vertrimmte Nation oder Sport in rechter Gesellschaft [1547]

UWE SCHULTZ (Hg.) Umwelt aus Beton oder Unsere unmenschlichen Städte. Nachwort: A. Mitscherlich [1497]

WOLFGANG ZÖLLNER Obdachlos durch Wohnungsnot. Ein Beitrag zur Differenzierung der Obdachlosigkeit [1663]

rororo aktuell

Herausgegeben von Freimut Duve

Arbeitskämpfe

DETLEV ALBERS / WERNER GOLD-SCHMIDT / PAUL OEHLKE Klassenkämpfe in Westeuropa. England, Frankreich, Italien [1502]

PIERRE HOFFMANN / ALBERT LANGWIELER Noch sind wir dal Arbeiter im multinationalen Konzern [1821]

BODO MORAWE Aktiver Streik in Frankreich oder Klassenkampf bei LIP [1764]

Industriekritik Kapitalismuskritik

EWALD GAUL Atomenergie oder Ein Weg aus der Krise? Von der lebensbedrohenden Leichtfertigkeit der Energieplaner. Wissenschaftliche Warnungen gegen die «friedliche» Nutzung der Kernenergie [1773]

BO GUNNARSON Japans ökologisches Harakiri oder Das tödliche Ende des Wachstums. Eine Warnung an die überindustrialisierten Staaten [1712]

IVAN ILLICH Die sogenannte Energiekrise oder Die Lähmung der Gesellschaft. Das sozial kritische Quantum der Energie [1763]

MANFRED KRÜPER (Hg.) Investitionskontrolle gegen die Konzerne? Mit Beiträgen von Charles Levinson, Joachim Steffen u. a. [1767]

CHARLES LEVINSON Valium zum Beispiel. Die multinationalen Konzerne der pharmazeutischen Industrie [1776]
– PVC zum Beispiel. Krebserkrankungen bei der Kunststoffherstellung [1874]

FRITZ VILMAR (Hg.) Menschenwürde im Betrieb. Modelle der Humanisierung und Demokratisierung der industriellen Arbeitswelt [1604]
– Industrielle Demokratie in Westeuropa. Menschenwürde im Betrieb II [1711]

Bildung

HOLGER ASCHE / JÜRGEN LÜTHJE / ERICH SCHOTT Der numerus clausus oder Wer darf studieren? [1659]

BERLINER AUTORENGRUPPE (Hg.) Kinderläden. – Revolution der Erziehung oder Erziehung zur Revolution? [1340]

REINHARD CRUSIUS / WOLFGANG LEMPERT / MANFRED WILKE (Hg.) Berufsausbildung – Reformpolitik in der Sackgasse? Alternativprogramm für eine Strukturreform [1700]

HILDEGARD HAMM-BRÜCHER Aufbruch ins Jahr 2000 oder Erziehung im technischen Zeitalter [983]

LUC JOCHIMSEN Hinterhöfe der Nation – Die deutsche Grundschulmisere [1505]

REINHARD KÜHNL (Hg.) Geschichte und Ideologie. Kritische Analyse der bundesdeutschen Geschichtsbücher [1656]

HOLGER H. LÜHRIG (Hg.) Wirtschaftsriese – Bildungszwerg. Der Diskussionshintergrund zum Bildungsgesamtplan 1973: Analysen oder OECD-Reports [1660]

Europa

MAUGRI CIAGAR / HANNELORE KOOB Ferienland Spanien? Ein Bild der Diktatur nach Briefen politischer Gefangener [1770]

BERNADETTE DEVLIN Irland: Religionskrieg oder Klassenkampf? [1282]

rororo aktuell

Herausgegeben von Freimut Duve

JOHAN GALTUNG Kapitalistische Großmacht Europa oder Die Gemeinschaft der Konzerne? [1651]

SICCO MANSHOLT Die Krise. Europa und die Grenzen des Wachstums [1823]

Dritte Welt

ULRICH ALBRECHT / BIRGIT A. SOMMER Deutsche Waffen für die Dritte Welt [1535]

MARCIO M. ALVES Brasilien – Rechtsdiktatur zwischen Armut und Revolution [1549]

MARCIO M. ALVES Erster beim Sterben, letzter beim Essen. Kuba – Eine Arbeiterfamilie erzählt [1878]

DIE ARMUT DES VOLKES. Verelendung in den unterentwickelten Ländern. Auszüge aus Dokumenten der Vereinten Nationen. Zusammengestellt und eingeleitet von Folker Fröbel, Jürgen Heinrichs, Otto Kreye [1772]

ELO UND JÜRG BAUMBERGER Beethoven kritisieren! Konfuzius verurteilen! Was geschah in China 1973/74? [1882]

BARBARA BÖTTGER 700 Millionen ohne Zukunft? Faschismus oder Revolution in Indien und Bangladesh [1603]

JAN DELEYNE Die chinesische Wirtschaftsrevolution. Eine Analyse der sozialistischen Volkswirtschaft Pekings [1550]

FRANTZ FANON Die Verdammten dieser Erde. Vorwort v. J.-P. Sartre [1209]

BÖRRIES GALLASCH (Hg.) Ho-Tschi-Minh-Stadt. Die Stunde Null. Reportagen vom Ende eines dreißigjährigen Krieges [1948]

Konterrevolution in Chile. Analysen und Dokumente zum Terror. Hg. vom Komitee «Solidarität mit Chile» [1717]

MAO TSE-TUNG Das machen wir anders als Moskau! Kritik an der sowjetischen Politökonomie. Hg. von Helmut Martin [1940]

MAO TSE-TUNG Theorie des Guerillakrieges oder Strategie der Dritten Welt / Einleitender Essay von Sebastian Haffner [886]

ERIKA RUNGE Südafrika – Rassendiktatur zwischen Elend und Widerstand. Protokolle und Dokumente zur Apartheid. Mit einem Beitrag von Christina Oberst-Hundt [1765]

DENG ZHONGXIA Anfänge der chinesischen Arbeiterbewegung 1919–1926 Hg. von Werner Meißner u. Günther Schulz [1766]

Militärpolitik und Abrüstung

A. BOSERUP / A. MACK Krieg ohne Waffen? Studie über Möglichkeiten und Erfolge sozialer Verteidigung. Kapp-Putsch 1920 / Ruhrkampf 1923 / Algerien 1961 / ČSSR 1968 [1710]

EGBERT JAHN Kommunismus – Und was dann? Zur Bürokratisierung und Militarisierung des Systems der Nationalstaaten [1653]

STUDIENGRUPPE MILITÄRPOLITIK Ein Anti-Weißbuch. Materialien für eine alternative Militärpolitik [1777]

USA-Kritik

RICHARD J. BARNET Der amerikanische Rüstungswahn oder Die Ökonomie des Todes. Mit einem Beitrag von Claus Grossner [1450]

BERTRAND RUSSELL / JEAN-PAUL SARTRE Das Vietnam-Tribunal I oder Amerika vor Gericht [1091]
– Das Vietnam-Tribunal II oder Die Verurteilung Amerikas [1213]

rororo aktuell

Herausgegeben von Freimut Duve

Kritische Aufklärung

RUDI DUTSCHKE / MANFRED WILKE (Hg.) Die Sowjetunion, Solschenizyn und die westliche Linke [1875]

HARTMUT ELSENHANS / MARTIN JÄNICKE (Hg.) Innere Systemkrisen der Gegenwart. Ein Studienbuch zur Zeitgeschichte [1827]

ERNST FISCHER Die Revolution ist anders. Ernst Fischer stellt sich zehn Fragen kritischer Schüler [1458]

JOHAN GALTUNG Strukturelle Gewalt. Beiträge zur Friedens- und Konfliktforschung [1877]

ROGER GARAUDY Marxismus im 20. Jahrhundert [1148]

GARAUDY / METZ / RAHNER Der Dialog oder Ändert sich das Verhältnis zwischen Katholizismus und Marxismus? [944]

WERNER HOFMANN Grundelemente der Wirtschaftsgesellschaft — Ein Leitfaden für Lehrende [1149]

JOACHIM KAHL Das Elend des Christentums oder Plädoyer für eine Humanität ohne Gott [1093]

REINHARD KÜHNL Formen bürgerlicher Herrschaft. Liberalismus — Faschismus [1342]

REINHARD KÜHNL (Hg.) Der bürgerliche Staat der Gegenwart. Formen bürgerlicher Herrschaft II [1536]
— Texte zur Faschimusdiskussion I Positionen und Kontroversen [1824]

Technologie und Politik

Aktuell Magazin
Herausgegeben von Freimut Duve

Ein kritisches, vierteljährlich erscheinendes Periodikum im Taschenbuchformat

Beratung: Ulrich Albrecht, André Gorz, Ivan Illich, Joachim Israel und Joachim Steffen

Heft 1: Industriekritik [1873]

Heft 2: Sowjetische Wissenschaftler und die Grenzen des Wachstums. Diskussion um Illichs Medizinkritik u. a. [1880]

Heft 3: Landwirtschaft und Welthungerkatastrophe [1942] [Nov. 75]

Gesamtauflage: über 5 Millionen Exemplare

Bertrand Russell / Jean-Paul Sartre

Von niemandem als ihrem Gewissen beauftragt, haben Bertrand Russell und Jean-Paul Sartre, zwei der führenden Philosophen unserer Zeit, eine Untersuchung begonnen, ob die USA sich in Vietnam Kriegsverbrechen und des Völkermordes schuldig machen. Der Band ist kein Pamphlet. Die Polemik, der sich der Leser ausgesetzt sieht, liegt in den Tatsachen.

Das Vietnam-Tribunal I
oder Amerika vor Gericht

Dieses Protokoll der ersten Sitzung des Tribunals vom 2. bis 10. Mai 1967 in Stockholm gibt die wichtigsten Vernehmungen, Zeugenaussagen und Dokumente wieder.

rororo aktuell 1091

Das Vietnam-Tribunal II
oder Die Verurteilung Amerikas

Die zweite Sitzung fand vom 20. November bis 1. Dezember 1967 in Roskilde, Dänemark, statt; Verhandlungsgegenstand war die Frage, ob die amerikanische Intervention in Südvietnam im völkerrechtlichen Sinne ein Kriegsverbrechen darstellt. Auch diese Frage wurde von allen Geschworenen einstimmig mit Ja beantwortet. Der vorliegende Band enthält das wichtige Protokoll dieser zweiten Sitzung.
Im Anhang ein Artikel von Jean-Paul Sartre «Von Nürnberg nach Stockholm», der der in Paris erscheinenden Zeitschrift ‹Tricontinental› entnommen wurde. Übersetzung: Gilbert Strasmann.

rororo aktuell 1213

Wirtschaft als Fortsetzung der Politik mit anderen Mitteln

Weltmacht ITT

Anthony Sampson

Die politischen Geschäfte eines multinationalen Konzerns

Die wirtschaftliche und politische Machtzusammenballung der multinationalen Konzerne rückt immer mehr in den Mittelpunkt der Diskussion. Der englische Publizist Anthony Sampson hat in diesem Buch den rücksichtslosen Aufstieg der amerikanischen ITT zum souveränen Weltstaat lückenlos enthüllt und dabei viele sensationelle Details ans Licht der Öffentlichkeit gebracht.
288 Seiten. Geb.

Rowohlt

MAO TSE-TUNG

IN
SELBSTZEUGNISSEN
UND
70 BILDDOKUMENTEN
DARGESTELLT
VON
TILEMANN GRIMM

Mit Zeittafel, Bibliographie und Namenregister
«rowohlts monographien» Band 141

China ist dabei, eine moderne Großmacht zu werden. Den ersten großen Schritt nach vorn verdankt es Mao, und auch der nächste Schritt wird vom Geiste Maos bestimmt sein. Die vorliegende Monographie zeichnet das Leben Mao Tse-tungs nach, sie schildert die Phasen der chinesischen Revolution, die Macht- und Richtungskämpfe innerhalb der kommunistischen Bewegung des Landes. Professor Dr. T. Grimm, geboren 1922, ist zur Zeit Ordinarius für chinesische Geschichte an der Ruhr-Universität Bochum. Er lernte Chinesisch als Kind in China, studierte nach dem Krieg Sinologie in Hamburg und lehrte in Hamburg und Münster. Zwei Reisen nach Ostasien (1957 und 1960/61) brachten ihn wieder in Kontakt mit der ostasiatischen Welt von heute.